Secrets ऑफ सेल्स

लेखक की पुस्तकें

जिम्मेदारी की शक्ति
“उन्हीं हालात एवं हालातों में कुछ सुधार आएगा, जिनकी जिम्मेदारी आप स्वयं पर लेंगे।”
सुरेश मोहन सेमवाल

सुरेश मोहन सेमवाल
सफलतम सेल्समैन

सीक्रेट्स ऑफ सेल्स
सफल सेल्समैन बनने के Tips
सुरेश मोहन सेमवाल

BE A HUMBLE WINNER
Suresh Mohan Semwal
“Arrogance is a silent killer of
and

BEST MANAGEMENT QUOTES
Quotes That You Can Quote
Suresh Mohan Semwal

Secrets of Selling Revealed!
Selling Simplified
“Selling is an artistic process to create long term mutually beneficial business relationship with customers.”
Suresh Mohan Semwal

Secrets ऑफ सेल्स

(सफल सेल्समैन बनने के Tips)

सुरेश मोहन सेमवाल

प्रकाशक

प्रभात प्रकाशन प्रा. लि.

4/19 आसफ अली रोड, नई दिल्ली–110002

फोन : 011–23289777 • हेल्पलाइन नं. : 7827007777

इ–मेल : prabhatbooks@gmail.com ❖ वेब ठिकाना : www.prabhatbooks.com

संस्करण

2024

पेपरबैक मूल्य

दो सौ पचास रुपए

मुद्रक

नरुला प्रिंटर्स, दिल्ली

—————— ★ ——————

SECRETS OF SALES
by Suresh Mohan Semwal

Published by **PRABHAT PRAKASHAN PVT. LTD.**
4/19 Asaf Ali Road, New Delhi-110002

ISBN 978-93-5266-147-3

₹ 250.00 (PB)

अपनी बात

सेल्स एक कला है। इसमें व्यक्ति के व्यक्तित्व, बोलचाल, व्यवहार-कुशलता, हाव-भाव, मानवीय गुण और अपने उत्पाद की पूरी जानकारी जैसे गुणों का समावेश होता है। दरअसल एक अच्छा सेल्समैन अपने इन गुणों द्वारा अपने उत्पाद का इस तरह से मानवीयकरण कर देता है कि फिर उपभोक्ता उसे लेने से इनकार कर ही नहीं पाता।

एक अच्छे सेल्समैन में उपर्युक्त सभी गुणों का समावेश होना अनिवार्य है, साथ ही वह मिलनसार हो, धैर्यवान् हो, सहयोगी हो, जो बोलने से ज्यादा सुनने की क्षमता रखता हो इत्यादि गुण किसी सेल्समैन को उपयोगी मानव-संसाधन बनाते हैं।

अगर आप असफलता से घबराते नहीं हैं, अवसर को पहचानना जानते हैं, दृढ इच्छा-शक्ति के स्वामी हैं, टीम भावना को समझते हैं, खरीदार के साथ दोस्ताना व्यवहार करते हैं, गलतियों को दोहराते नहीं हैं, मिलनसार हैं, मार्केटिंग की बारीकियों को समझते हैं, मोल-भाव करना जानते हैं, अपनी बिक्री योजना को ठीक तरीके से अपने उपभोक्ता तक पहुँचा सकते हैं, जल्दी विचलित नहीं होते, अपने कार्य के प्रति समर्पित हैं, अच्छे सलाहकार हैं, अपने संकल्प से डिगते नहीं हैं तो यह क्षेत्र आप ही के लिए है। आप एक अच्छे सेल्स-पर्सन के रूप में स्थापित होकर मान-सम्मान, धन-दौलत और शोहरत कमा सकते हैं।

अपने पेशे के अनुरूप स्वयं को एक सफल सेल्स-पर्सन कैसे बनाएँ, यह सिखानेवाली अपनी तरह की एक उपयोगी पुस्तक, जो आपको उन रहस्यों तक पहुँचाएगी, जिन्हें कहते हैं—सेल्स के सीक्रेट्स।

—सुरेश मोहन सेमवाल

अनुक्रम

सेलिंग Tips

अभ्यास

हर असफल बिक्री को एक अभ्यास की तरह समझें। सोचें कि इस बिक्री से आपने क्या सीखा?

~ * ~

अवसर

बतौर सेल्समैन आप मुसीबतों को अवसर में बदल सकते हैं, बशर्ते आप सचेत रहें।

~ * ~

बतौर सेल्समैन जीवन में सफलता का रहस्य हर आनेवाले अवसर के लिए तैयार रहना है।

~ * ~

असंभव

असंभव को संभव बना देने के बाद ही सफलता मिलती है।

~ * ~

प्रत्येक अच्छा कार्य पहले असंभव नजर आता है।

असफल

जीवन में दो ही व्यक्ति असफल होते हैं—एक वे, जो सोचते हैं, पर करते नहीं; दूसरे वे, जो करते हैं, पर सोचते नहीं।

~*~

असफलता

हमें अपनी असफलताओं पर ज्यादा ध्यान देना चाहिए, सफलता के बारे में दूसरे बात करें तो ज्यादा अच्छा होता है।

~*~

अधिकार

कारखाना प्रतिनिधि एक से अधिक निर्माताओं का प्रतिनिधित्व करते हैं। वे एक विशिष्ट क्षेत्र के भीतर काम करते हैं और संबंधित लाइन का माल ही बेचते हैं; किंतु कीमत व बिक्री के मामलों में उनके अधिकार सीमित होते हैं।

~*~

अध्ययन

जब आप ब्रांड के क्षेत्र में उतरते हैं तो उपभोक्ता की वास्तविक जरूरत समझने में एम.बी.ए. डिग्री की योग्यता का लाभ मिलता है। वहाँ यह डिग्री कई तरह से मददगार होती है, खासकर मुद्दों को गहराई से समझने में, क्योंकि आपको एक फ्रेमवर्क की जरूरत होती है। एक अवधारणा या समझ होने के बाद आपको फैसला करने में मदद मिलती है।

~*~

आपको उपभोक्ता की परेशानी को स्पष्ट तरीके से व्यक्त करने की योग्यता रखने की जरूरत होती है और इस बात का अध्ययन करने की

जरूरत होती है कि कैसे अवसर मौजूद हैं। ब्रांड मैनेजमेंट, कम्युनिकेशन मैनेजमेंट और उपभोक्ता जरूरत समझने जैसे क्षेत्रों में एम.बी.ए. की योग्यता बहुत उपयोगी है।

~*~

अनुभव

अनुभव की पाठशाला में जो पाठ सीखे जाते हैं, वे पुस्तकों और विश्वविद्यालयों में नहीं मिलते।

~*~

अनुभव-प्राप्ति के लिए काफी मूल्य चुकाना पड़ सकता है; पर उससे जो शिक्षा मिलती है, वह और कहीं नहीं मिलती।

~*~

अनुशासन

कर्मचारियों में अनुशासन को बनाए रखने के लिए पक्षपातरहित व्यवहार करना चाहिए। जो नेता कुछ कर्मचारियों को अपना कृपापात्र बना लेते हैं, उससे न तो उद्योग में सफल होते हैं, न ही संतुलन व अनुशासन बन पाता है।

~*~

अभिप्राय

किसी भी कारोबार का अभिप्राय होता है अपने ग्राहकों के साथ परस्पर लाभकारी एवं स्थायी संबंधों का निर्माण करना, हालाँकि व्यापार के सभी क्षेत्र इसी ध्येय की प्राप्ति के लिए उत्तरदायी होते हैं; किंतु मार्केटिंग पर सबसे अधिक इसकी जिम्मेदारी होती है।

~*~

आउटसोर्सिंग

जरूरत पड़े तो आउटसोर्सिंग के लिए सही ढंग से मोल-भाव करें।

~ ❋ ~

आत्मविश्वास

आत्मविश्वास सफलता का सबसे प्रमुख रहस्य है।

~ ❋ ~

आदत

बहुत बार ऐसा होता है कि हम अपनी कमजोरियों से दूर भागने लगते हैं, उन्हें देखकर भी अनदेखा करते हैं और यह बात भूल जाते हैं कि वह हमें ही नुकसान पहुँचाएगी और नतीजा यह होता है कि हमारी यह आदत हमें ही नुकसान पहुँचाने लगती है।

~ ❋ ~

हमें पुरानी आदतों को छोड़ना पड़ता है, जिनको साथ लेकर हम आगे नहीं बढ़ सकते। हमें सफलता के लिए नई आदतों को अपनाना ही पड़ेगा, जिसकी वजह से हम तरक्की की ओर बढ़ सकें।

~ ❋ ~

आधार

असफलता से सफलता का सृजन कीजिए। निराशा और असफलता-सफलता के दो निश्चित आधार-स्तंभ हैं।

~ ❋ ~

आय

सेल्स के क्षेत्र में आप जैसे-जैसे आगे बढ़ते जाते हैं, आय उतनी ही बढ़ती जाती है।

~ ❋ ~

आयोजन

किसी व्यावसायिक आयोजन में अपने नाम का यादगार टैग या स्टीकर रखवाएँ।

~*~

आलोचक

आलोचकों की बातों को ध्यान से सुनना चाहिए, क्योंकि आलोचक मुफ्त में हमें हमारी कमियाँ बता देते हैं।

~*~

आलोचकों की सबसे बड़ी खूबी यह होती है कि वे मुफ्त में आपको आपकी कमजोरी बता देते हैं।

~*~

आलोचना

जैसे-जैसे आपकी सफलता का ग्राफ बढ़ता जाता है, आपके आलोचक भी बढ़ते जाते हैं। हर आलोचना को ध्यान से सुनें। अगर आलोचना सही है तो खुद की कमी को दूर करें; लेकिन अगर आलोचना आधारहीन है तो सामनेवाले व्यक्ति को अनदेखा करें।

~*~

इंतजार

इंतजार करना बंद करो, क्योंकि सही समय कभी नहीं आता।

~*~

इच्छा

अगर आपको हारने से डर लगता है तो जीतने की इच्छा कभी मत रखना।

~*~

अपने ग्राहक की इच्छाओं को समझने के लिए उन्हें बातें करने का मौका दें और उनसे सवाल पूछें।

~ * ~

सफल होने के लिए सफलता की इच्छा असफलता के भय से अधिक होनी चाहिए।

~ * ~

इच्छा-शक्ति

दृढ इच्छा-शक्ति की बदौलत सपनों को भी सच किया जा सकता है।

दृढ रहने की इच्छा-शक्ति अकसर सफलता और असफलता के बीच का अंतर होती है।

~ * ~

इजाजत

स्थानीय दुकानों, रेस्टोरेंट, नाई की दुकान और जहाँ भी इजाजत मिले, वहाँ अपने कार्ड और ब्रोशर्स लोगों के लिए रखें।

~ * ~

इतिहास

अगर आप फुटबॉल खेलने के जूते बेच रहे हों तो यह पता करें कि कौन से खिलाड़ी कौन से जूते पहनते हैं, कौन से स्टाइल संग्रह करने के योग्य हैं और उन खास जूतों का कुछ इतिहास भी आपको जानना चाहिए। इसी तरह उत्पाद का आकार-प्रकार, आरामदेही और देखभाल के विषय में तकनीकी विवरण भी आपको जानना चाहिए।

~ * ~

इरादे

अगर आपको जिंदगी में कुछ बड़ा पाना है तो काम के तरीके बदलें, अपने इरादे नहीं।

~*~

इ-कॉमर्स

इ-कॉमर्स करनेवाले सेल्समैन अपनी वेबसाइट की मार्केटिंग के लिए बल्क इ-मेल्स भेजने की गलती कर बैठते हैं, हालाँकि ऐसे मेल स्पैम कैटेगरी में चले जाते हैं। लिहाजा इस मामले में सोशल मीडिया का इस्तेमाल करना बेहतर है। आप फेसबुक, ट्विटर, यू-ट्यूब आदि पर अपने कारोबार का विज्ञापन कर सकते हैं। इन प्लेटफॉर्म्स की विजिबिलिटी भी ज्यादा है। यह मीडियम उन खरीदारों में ज्यादा भरोसा भी पैदा करता है, जो आपकी वेबसाइट पर आते हैं। डिजिटल मीडिया के साथ आप मार्केटिंग के परंपरागत तरीके भी आजमा सकते हैं, जैसे—परिवार और मित्रों की मदद लेना।

~*~

उत्पाद

अगर आप इस बात का अंदाजा कर सकें कि उत्पाद की कोई कमी या कीमत ग्राहक को बुरी लग रही है तो आप थोड़ी चालाकी से और थोड़ा हठ करके ग्राहक को उत्पाद खरीदने के लिए मना सकते हैं।

~*~

आप ग्राहक के संकोच को सही बताते हुए निष्पक्ष रूप से उत्पाद के कुछ गुणों को बता सकते हैं। जैसे आप कह सकते हैं, "आप बिल्कुल सही कह रहे हैं कि यह दूसरे उत्पादों से ज्यादा महँगा है; लेकिन ऐसा इसलिए है, क्योंकि हाथ की सिलाई के कारण यह काम करने में बहुत

ज्यादा समय लग जाता है और इसका नतीजा यह होता है कि जूता ज्यादा समय तक टिकता है।''

~ * ~

आपके उत्पाद के विषय में हर बात आपको पता होनी चाहिए और इसके साथ-साथ आपको प्रतिस्पर्धी कंपनियों के उत्पादों के विषय में भी पूरी जानकारी होनी चाहिए, ताकि आप ग्राहक के सामने अपने उत्पाद को प्रतिस्पर्धी के उत्पाद से बेहतर सिद्ध कर सकें।

~ * ~

आपको उत्पाद की जितनी ज्यादा जानकारी होगी, आप उतने ही आत्मविश्वास के साथ उसे बेच पाएँगे। जब आप ग्राहक के सामने उत्पाद को प्रस्तुत करें तो उसे बदलाव के रूप में दिखाएँ। आप जितना विस्तार से उस उत्पाद से होनेवाले फायदों को समझाएँगे, उतना ही उत्पाद के बिकने की संभावना ज्यादा होगी।

~ * ~

उत्पाद के साथ ग्राहकों को पिज्जा, सैंडविच या कोई और गिफ्ट दें। कम-से-कम एक महीने तक इस योजना को अंजाम दें।

~ * ~

किसी उत्पाद या सेवा को बेचने अथवा उन्नत करने के उद्देश्य से किया जानेवाला जनसंचार विज्ञापन कहलाता है। किसी उत्पाद के विपरीत किसी सेवा को तब तक अनुभव नहीं किया जा सकता, जब तक कि वह हासिल न हो जाए। यही बात इसे अमूर्त बनाती है, इसलिए इसका मतलब यह है कि एक उपभोक्ता को सेवा के प्रयोग हेतु निर्णय करते वक्त अधिक जोखिम होता है। जोखिम की इस भावना को कम करने के लिए और सफलता की संभावना को बढ़ाने हेतु यह महत्त्वपूर्ण

होता है; कि सक्षम ग्राहक को यह देखने का मौका दिया जाए कि सेवा कैसी होगी। ऐसा भौतिक साक्ष्य देकर किया जाता है; जैसे—मामलों का अध्ययन, प्रशंसा-पत्र या प्रदर्शन द्वारा।

~*~

जैसे ही आप अपने उत्पाद का गुणगान ग्राहक के सामने करना शुरू करें, यह याद रखें कि आपको ग्राहक को उत्पाद के बारे में उत्पाद की उस विशेषता पर जोर देकर बताना है, जो ग्राहक को ज्यादा अच्छी लग रही हो।

~*~

दूसरे उत्पाद के साथ व्यवसाय का प्रचार करें।

~*~

पहले व्यापारी ग्राहक तक पहुँचने के लिए उत्पाद या सर्विसेज की मार्केटिंग के लिए पारंपरिक तरीके यानी होर्डिंग्स, लीफलेट, टेलीविजन और रेडियो इत्यादि का इस्तेमाल ज्यादा करते थे, लेकिन आजकल डिजिटल मार्केटिंग का इस्तेमाल करते हैं।

~*~

उत्पाद बेचने के लिए अपने बजट का 10 से 20 प्रतिशत ही मार्केटिंग पर खर्च करें।

~*~

उत्पाद बेचने के लिए गैर-पेशेवर व्यवहार नहीं करना चाहिए। आप ग्राहक से निवेदन कर सकते हैं, पर उस पर दबाव नहीं बना सकते।

~*~

यदि आप अपने उत्पाद की तुलना किसी दूसरे उत्पाद से कर रहे

हैं तो सही और साफ तुलना करके जानकारी दें। जब तुलना करें तो देख लें कि क्या दोनों उत्पाद एक ही जरूरत को पूरा करते हैं? क्या उनकी कीमत लगभग एक ही है?

यह जरूरी नहीं कि आपके पास एक नया उत्पाद या सेवा हो। आप किसी उत्पाद, सेवा या व्यवसाय-प्रक्रिया में अभिनव सुधार कर सकते हैं। कुछ उत्पाद श्रेणियों में खरीद की प्रक्रिया अभी भी ग्राहकों के लिए खीझ का एक प्रमुख कारण है। आप विचार करें कि इसमें कैसे सुधार करके एक बेहतर विकल्प प्रदान कर सकते हैं?

उत्पाद या सेवाओं के बेहतर विकल्प बनाना बाजार में जीतने के लिए महत्त्वपूर्ण है। कौन से कारक मौजूदा उत्पाद से आपके उत्पाद को अलग साबित करते हैं; यदि ऐसा फर्क दरशानेवाला कोई कारक नहीं है तो संभावित ग्राहक आपका नया उत्पाद अपनाने के बजाय मौजूदा उत्पाद ही खरीदेगा।

उत्पादक

उत्पादक के लाभ से उपभोक्ता की इच्छाओं की पूर्ति तथा उत्पादित वस्तु के उपयोग का मार्ग प्रशस्त करने का कार्य विज्ञापन को पहचान प्रदान करता है। ऐसे में विज्ञापन का महत्त्व सर्वसिद्ध है। विज्ञापन के महत्त्व को रेखांकित करते हुए ब्रिटेन के पूर्व प्रधानमंत्री विलियम ग्लेडस्टोन ने कभी कहा था, ''व्यवसाय में विज्ञापन का वही महत्त्व है, जो उद्योग क्षेत्र में वाष्प शक्ति के आविष्कार का।'' विंस्टन चर्चिल ने इसकी आर्थिक उपयोगिता के महत्त्व को प्रतिपादित करते हुए कहा था,

"टकसाल के अतिरिक्त कोई भी बिना विज्ञापन के मुद्रा का उत्पादन नहीं कर सकता।"

~*~

उत्साह

बार-बार असफल होने पर भी उत्साह न खोना ही सफलता है।

~*~

उद्देश्य

अगर ग्राहकों के विरुद्ध आपका कोई गुप्त उद्देश्य है तो इसका अर्थ है कि आप अपने उद्देश्य तथा लक्ष्य के प्रति पूर्णतया ईमानदार नहीं हैं। आपको अपने ग्राहकों के साथ ऐसा नहीं करना चाहिए। ऐसा होने पर आप ग्राहक का विश्वास खो देते हैं।

~*~

आपको अपने उद्देश्य सामने रखने चाहिए। उद्देश्य की पूर्ति के लिए अपने ग्राहकों के साथ जोड़-तोड़ नहीं करनी चाहिए। ऐसा होने पर ग्राहक के साथ आपके संबंधों पर नकारात्मक असर पड़ेगा।

~*~

उद्योग

कई मोबाइल मार्केटिंग कंपनियाँ एस.एम.एस. संदेश उद्योग को अपनी सेवाएँ प्रदान कर रही हैं। नियमित रूप से अपडेट की गई एक सूची यहाँ उपलब्ध है।

~*~

उपभोक्ता

आपको हर हाल में न केवल खुद पर, बल्कि अपने उपभोक्ता पर

भी पूरा भरोसा होना चाहिए। याद रहे, यह आत्मविश्वास ही है, जिसे सफलता की कुंजी कहा जाता है।

~*~

जहाँ तक उपभोक्ता वस्तुओं का सवाल है, विज्ञापनों का मूल उद्देश्य ग्राहकों के अवचेतन मन पर छाप छोड़ जाता है और विज्ञापन इसमें सफल भी होते हैं।

~*~

उपयोग

गैर-व्यावसायिक विज्ञापनों का उपयोग राजनीतिक दल, हित-समूह, धार्मिक संगठन और सरकारी एजेंसियाँ करती हैं।

~*~

उपाय

अपने संस्थान पर आनेवाले हर ग्राहक से मधुर व्यवहार करने के साथ ही उससे विनम्रतापूर्वक कहना चाहिए कि अगर आपको हमारी सेवा एवं हमारा व्यवहार अच्छा लगा हो तो कृपया दो और लोगों को हमारे बारे में जरूर बताएँ। ग्राहक बढ़ाने का यह एक रामबाण उपाय है।

~*~

एजेंट

खरीद एजेंट उत्पादक और रिटेलर की ओर से माल खरीदते हैं। उन्हें खरीदने के काम का विशेष ज्ञान होता है।

~*~

ग्राहक लाने के लिए दुकानदार को कमीशन पर एजेंट रखना चाहिए।

~*~

ऐड-ऑन

जैसे ही आप किसी बिक्री को कन्फर्म करें, तो इस बिक्री के साथ ही कुछ ऐड-ऑन भी जोड़ने की कोशिश करें, ताकि आप अपनी टोटल बिक्री को थोड़ा बढ़ा सकें। जैसे अगर आपने अभी-अभी एक प्रिंटर बेचा हो तो ग्राहक से कुछ ऐसे ऑफरों की बात करें, जो इंक कार्ट्रिजों, पेपर रिमों के लिए चल रहे हों। इसे ग्राहक के लिए भविष्य में ज्यादा खर्चे और परेशानी से बचने के एक उपाय के रूप में दरशाएँ। उनसे कहें, "आखिरकार इन चीजों की आपको जरूरत पड़ेगी-ही-पड़ेगी; लेकिन अगर आप अभी इन ऑफरों का लाभ उठा लें तो आपका खर्च भी कम होगा और आप परेशानी से भी बचेंगे।

~*~

ऑफर

जब लोग व्यस्त हों, तब पोस्टकार्ड या ऑफर न भेजें, बल्कि छुट्टी का इंतजार करें।

~*~

कंपनी

कंपनियों की सेल्स टीम अकसर अपने ग्राहकों से लंबे-चौड़े वादे कर लेती है। ऐसे वादे पूरे करना कंपनी के बूते की बात नहीं होती। इससे बचें।

~*~

अपनी कंपनी की जटिलताओं को कम करें; जैसे कि नियम, प्रक्रिया, नीति, आवश्यकता, प्रथा, परंपरा, कार्य-प्रणाली। ग्राहकों के लिए ये सब जटिलताओं की तरह हैं।

~*~

एक कंपनी अपने विज्ञापन में लिखती है कि वे ग्राहक द्वारा दी गई विस्तृत सूचना पर ध्यान देते हैं। यह काफी गंभीर तथा आकर्षक सूचना है, जो नए संभावित ग्राहकों को बताती है कि कंपनी अपने उत्तम उत्पादों तथा सेवाओं के लिए वचनबद्ध है।

~ * ~

कंपनियों की यही इच्छा रहती है कि उनके उत्पाद का जिक्र लोग स्वयं करें, ताकि मुँह से की गई तारीफ से उनकी मार्केटिंग होती रहे। इसके अलावा, अब संपूर्ण ब्रांड अनुभव की बातें भी हो रही हैं, यानी कि उत्पाद की मार्केटिंग के लिए 360 डिग्री अप्रोच। उपभोक्ता तक पहुँचने के हर संभव माध्यम का प्रयोग करना और उपभोक्ता को उत्पाद के बारे में पूरी जानकारी देना।

~ * ~

कई बार कंपनी में कई आंतरिक समस्याएँ होती हैं, जो कंपनी के कर्मचारियों को ही पता रहती हैं। इनका ग्राहकों पर प्रभाव हो भी सकता है और नहीं भी। ग्राहक को इन समस्याओं को नहीं बताना चाहिए। बताने से बिना वजह उन्हें चिंता होगी कि कंपनी आगे अपने उत्पाद, वस्तु या सेवा दे पाएगी या नहीं।

~ * ~

कंपनी के कार्य-कलाप पर ग्राहक की संतुष्टि इस बात पर निर्भर करती है कि कंपनी उनकी व्यावसायिक एवं व्यक्तिगत जरूरतों को किस प्रकार पूरा करती है।

~ * ~

कंपनी के पहचान चिह्न को नीरस न बनाएँ। उसे ज्यादा रंग और आकार दें।

~ * ~

कंपनी के हर सदस्य को मालूम होना चाहिए कि अंदर क्या काम हो रहा है और बाजार में जाकर क्या चीज बेचनी है।

कमियाँ

अपनी कमियाँ कभी किसी को न बताएँ, लेकिन खुद अपनी कमियाँ जरूर स्वीकार करें; क्योंकि जब तक आप खुद अपनी कमी नहीं स्वीकार करेंगे, तब तक आप उसे दूर करने की कोशिश नहीं करेंगे—और याद रखिए, एक छेद भी नाव को डुबोने के लिए काफी होता है।

कमीशन

कमीशन एजेंट हर उस व्यक्ति के लिए काम करते हैं, जो उनकी सेवाएँ चाहता है। वे किसी भी माल के स्वामी नहीं होते, किंतु वे बिक्री पर कमीशन पाते हैं।

कॅरियर

अगर कोई व्यक्ति पेशेवर कॅरियर चाहता है और किसी संगठन अथवा कंपनी को आगे ले जाने और उसका प्रबंधन सँभालने में दिलचस्पी रखता है तो उसके लिए एम.बी.ए. की पढ़ाई पहली अनिवार्यता है। यह मार्केटिंग के मामले में भी लागू होता है।

कर्तव्य

सेल्समैन का कर्तव्य है ग्राहकों को आकर्षित करना, उन्हें बनाए रखना और उनके लिए अधिक-से-अधिक उपयोगी होना; साथ ही

तत्पर सेवाओं द्वारा ग्राहक को संतुष्ट करना और उसकी अपेक्षाओं पर खरा उतरना।

~*~

काम

कई बार लोगों को समझाए बिना अपना काम करते जाना पड़ता है।

~*~

काम को काम की तरह ही समझें। अपने खाली समय को दूसरे शौकों को पूरा करके बिताया करें, ताकि आपका दिमाग हर समय बिक्री पर ही न लगा रहे।

~*~

कोई भी उत्पाद बेचना न केवल मुश्किल काम है, बल्कि इसके लिए स्वयं पर आत्मविश्वास और भरोसा होना चाहिए। ग्राहक की सारी बातें गंभीरतापूर्वक व ध्यानपूर्वक सुनें और बाद में अपने उत्पाद के बारे में भी जानकारी दें। सेल्स मार्केटिंग का क्षेत्र न केवल चुनौतीपूर्ण है, बल्कि यह आपके सामने रोजाना कुछ नया लेकर आता है।

~*~

वही सेल्स पर्सन सफल होता है, जिसका काम उसे लगातार आनंद देता है।

~*~

कामयाब

अगर हम खुद को कामयाब लोगों के साथ जोड़ेंगे तो हम भी कामयाब हो जाएँगे। नाकामयाब व्यक्तियों की संगत में रहकर हम भी कामयाब नहीं हो सकते।

~*~

आप पूरे जुनून से काम करते हैं तो कामयाबी जरूर मिलती है। याद रखें, मार्केटिंग जॉब शत-प्रतिशत जुनून की माँग करता है, क्योंकि जुनून से ही आपकी वास्तविक कार्य-शैली के बारे में पता चलता है।

कामयाब सेल्समैन का सिद्धांत ग्राहक फर्स्ट, कमीशन सेकंड होता है।

कामयाब सेल्समैन को अपने प्रदर्शन, सेवा, कंपनी एवं उत्पाद पर गर्व होता है और इसी गर्व को अपना विश्वास बनाकर वे ग्राहक से डील करते हैं।

कामयाब सेल्समैन को ग्राहक के आजीवन उपयोग हेतु पोषण कार्यक्रम विकसित करना चाहिए।

कामयाबी

कामयाबी हासिल करने के लिए मुश्किलों से नजर हटानी होगी और अपने लक्ष्य पर ध्यान केंद्रित करना होगा।

कामयाबी हासिल करने के लिए यह जरूरी है कि आज ही उन नकारात्मक लोगों का साथ छोड़ दें, जो हमेशा भेड़-बकरियों जैसी जिंदगी जीना चाहते हैं और छोटी-मोटी नौकरी से संतुष्ट हो जाते हैं तथा उससे आगे कभी बढ़ना नहीं चाहते। हमेशा उन लोगों के साथ रहें, जो कामयाब हैं और आगे बढ़ने के लिए प्रेरित रहते हैं।

कार्ड

किसी से मिलें तो उसे दो कार्ड दें—एक उसके लिए और दूसरा उसके दोस्त के लिए।

~*~

कार्य

अगर आप किसी कार्य को अच्छी तरह से नहीं कर सकते तो उस कार्य को कम-से-कम इस तरह से कीजिए कि वह अच्छा दिख सके।

अगर कोई भी कार्य जन-साधारण के मापदंडों पर खरा उतरता है तो उसे जरूर करें; लेकिन अगर नहीं उतरता हो तो बिल्कुल न करें।

~*~

किनारा

जब तक आप किनारे को छोड़कर नहीं जाएँगे, तब तक आप समुद्र पार नहीं कर सकते।

~*~

कूपन

कूपन या एक बिक्री द्वारा लोगों को उत्पाद खरीदने के लिए प्रोत्साहन दिया जाता है, पर इससे ग्राहक का विश्वास निर्माण नहीं होता और न ही वह भविष्य में दुबारा खरीदने के लिए प्रोत्साहित होता है।

~*~

कोशिश

कुछ कोशिशें नाकाम होंगी, यह प्रकृति का नियम है।

~*~

जब आप गिरते हो तो लोग आपके ऊपर हँसते हैं; लेकिन जो

लोग इस डर से कोशिश ही नहीं करते हैं वे केवल दूसरों को सफल होते देखते रह जाते हैं।

~*~

ज्यादातर लोग प्रतिभा और साधन होने के बावजूद केवल इसलिए असफल हो जाते हैं, क्योंकि वे मंजिल से थोड़ी दूर पहले कोशिश करना बंद कर देते हैं।

~*~

क्लाइंट

आपको हर हाल में न केवल खुद पर, बल्कि अपने क्लाइंट पर भी पूरा भरोसा होना चाहिए। याद रहे, यह आत्मविश्वास ही है, जिसे सफलता की कुंजी कहा जाता है।

~*~

क्षमता

कई बार आप ग्राहक से अच्छे संबंध बनाने या बनाए रखने की आशा में अपनी क्षमता से अधिक वादे कर देते हैं और जब आप अपने वादे पूरे नहीं कर पाते तो ग्राहक से बने-बनाए अच्छे संबंध भी खराब हो सकते हैं। इसलिए अति उत्साह से बचें। क्षमता से अधिक वादे न करें।

~*~

क्षमता

सेल्समैन के पास प्रतियोगियों, उनके उत्पाद और प्रदर्शन को मापने की अच्छी क्षमता होनी चाहिए। विभिन्न प्रतियोगियों की रणनीति के साथ अपनी रणनीति का तुलनात्मक अध्ययन और विश्लेषण करना भी सेल्समैन को आना चाहिए।

~*~

खतरा

बड़ी सफलता प्राप्त करने के लिए आपको कभी-कभी बड़ा खतरा भी लेना पड़ता है।

~ * ~

खरीदार

एक बार जब विक्रेता आनेवाले खरीदार को अपना ग्राहक बना लेता है तो आधार प्रबंधन शुरू हो जाता है। आधार प्रबंधन के तहत जो प्रक्रिया आरंभ होती है, उसमें विक्रेता अपने ग्राहक के साथ रिश्ते विकसित करता है, संबंधों को पोषण देता है, दिए जा रहे फायदों में इजाफा करता है और अपने उत्पाद/सेवा को निरंतर बेहतर बनाता है, ताकि उसका व्यापार प्रतिस्पर्धियों से सुरक्षित रहे।

~ * ~

गलतियाँ

अगर आप गलतियाँ नहीं कर रहे हैं तो इसका मतलब है, आप कुछ करने की कोशिश ही नहीं कर रहे हैं।

~ * ~

गलती

गलती करने से डरनेवाले लोग जिंदगी में कुछ नहीं कर पाते हैं।

गलती नहीं करना खुद सबसे बड़ी गलती है।

~ * ~

गिफ्ट वाउचर

अपने अच्छे ग्राहकों को बर्थडे कार्ड के साथ गिफ्ट वाउचर भेजें। इसके लिए सामान्य डाक या इ-मेल का इस्तेमाल करें।

~ * ~

गुणवत्ता

गुणवत्ता प्रक्रिया की मूलभूत शिक्षा है शुरुआत से ही समस्या को न आने देना। सोचिए, यह आपके ग्राहक के लिए क्या मायने रखता है? यह आपके ग्राहक तथा आपके व्यवसाय की लागत कैसे बढ़ाता है? आपके व्यवसाय की लागत बढ़ाने के अलावा यह ग्राहक से आपके संबंध को कैसे प्रभावित करता है। ग्राहक से आपके संबंध प्रभावित होना ही सबसे बड़ी लागत है। गुणी सेल्समैन को हमेशा अपने प्रदर्शन पर गौर करने की भी जरूरत है, ताकि खुद को वक्त और जरूरत के अनुसार अपने कार्यक्षेत्र में एडवांस बनाए रखा जा सके।

~*~

गुणवत्ता का मापदंड बनिए। कुछ लोग ऐसे वातावरण के आदी नहीं होते, जहाँ उत्कृष्टता की उम्मीद की जाती है।

~*~

ग्राहक

अगर आप ग्राहक की किसी समस्या के लिए जिम्मेदार हैं तो आपको उसकी जिम्मेदारी लेनी चाहिए। इससे समस्या को बिना किसी देरी के सुधारने में मदद मिलती है।

~*~

अगर कोई खास उत्पाद किसी ग्राहक को बिल्कुल ही पसंद नहीं आ रहा हो; तो इस बात को समझें और ग्राहक से उस उत्पाद को खरीदने की जिद या बहस न करें। अगर कोई ग्राहक किसी खास आइटम में इंटरेस्ट दिखाता है तो उससे पूछें कि उसे इस आइटम में क्या पसंद आ रहा है। अगर कोई ग्राहक यह कहता है कि उसे एक सूट चाहिए, तो उससे पूछें, "किस मौके के लिए?"

~*~

अपने पाँच-छह सबसे अच्छे ग्राहकों को बुलाएँ और उनके साथ एक खास दिन बिताएँ।

~*~

अपने मार्केटिंग के नतीजों को नियंत्रित रखें। नए ग्राहकों से हमेशा यह पूछें कि आपके बारे में उन्हें कैसे पता चला। इससे आपको पता चलेगा कि कौन सी मार्केटिंग योजना ज्यादा कारगर रही।

~*~

आपका काम ग्राहकों की सेवा करना, उनके काम को सरल बनाना होना चाहिए। आपको ग्राहकों से व्यापार करने के सरल तरीके खोजने चाहिए, जैसे कि कम कागजी काम, कम लोगों से संपर्क, कम समय में कार्य-संपादन। ये सब कार्य ग्राहक को आपके व्यापार के तौर-तरीकों के बारे में बताते हैं।

आपके ग्राहक से संबंध भरोसे पर आधारित होते हैं। ग्राहक भरोसे के आधार पर आपको व्यापार देता है। आप इस भरोसे को कभी मत तोड़िए। आपने ग्राहक से जो वादा किया हो, उसे पूरा करें। भविष्य में आपको इससे फायदा पहुँचेगा।

~*~

आपके सबसे असंतुष्ट ग्राहक ही आपके सीखने के सबसे बड़े स्रोत हैं।

~*~

आपको ग्राहक को स्पष्ट रूप से अवगत कराना चाहिए कि कौन सा काम आपने किया है और कौन सा नहीं। जब आप कहेंगे कि यह काम किसी दूसरे ने किया है, आप इसकी शाबाशी नहीं ले सकते, तो ग्राहक आपकी ईमानदारी तथा जीवन-मूल्यों का सम्मान करेगा। इस प्रकार की

ईमानदारी तथा जीवन-मूल्य ग्राहक के साथ संबंधों को स्थायी रखेंगे। आपको ग्राहकों की सहायता करनी होगी कि आपसे सामान खरीदने पर उन्हें अच्छा महसूस हो। इसके लिए बेची गई वस्तु या सेवा से संबंधित सारी जानकारी, आँकड़े, बाजार भाव, तकनीकी सूचना आपको तैयार रखनी होगी, जिससे ग्राहक सरलता से समझ सके कि आपसे ली गई सेवा या वस्तु उचित है।

~*~

आपने ग्राहक से कई प्रकार के वादे किए होंगे। यह किसी प्रकार की मौखिक जवाबदेही, लिखित जवाबदेही हो सकती है या चाहे जो कुछ भी हो, वादा वादा ही होता है तथा आपको इसे निभाना ही चाहिए। वादे को पूरी तरह से निभाना ग्राहक से अच्छे संबंधों का आधार है। ग्राहक से अच्छे संबंध बनाए रखने के लिए यह बहुत आवश्यक है। इलेक्ट्रॉनिक साधनों पर अधिक भरोसा न करें। अपने ग्राहकों की निजी पहुँच में रहें। यह ग्राहकों से अच्छे संबंध बनाने की दिशा में महत्त्वपूर्ण निवेश होगा।

~*~

ऐसा बरताव करें, जिससे ग्राहक दूसरों से आपकी तारीफ करें। यह आपके लिए महत्त्वपूर्ण विज्ञापन हो सकता है, जो कि रुपए-पैसे से नहीं खरीदा जा सकता। ऐसी कुछ मुख्य परेशानियों पर नजर रखना, जिनका सामना ग्राहकों को किसी उत्पाद या सेवा को खरीदने या उपयोग करने में होता है।

~*~

कई बार देखा जाता है कि शुरुआती सवाल यूँ ही पूछ लिये जाते हैं। उनसे घबराने के बजाय आपको बात को आगे बढ़ाना चाहिए। जब कोई ग्राहक अपने मन में चल रहे सवाल पूछता है तो असल में वह अपने डर सामने रख रहा होता है। इसलिए आपकी जिम्मेदारी है कि ग्राहक के

मन में से डर निकालें और उत्पाद को लेकर पॉजिटिव वातावरण तैयार करें। जब सारी शंकाओं का निवारण हो जाए तो डील पक्की करने के बारे में बात करनी चाहिए।

~*~

ग्राहक का आपके सामान तथा सेवा के प्रति विश्वास नहीं है तो आप कैसे सोच सकते हैं कि वह आपसे खरीदे सामान के बारे में अच्छा महसूस करेगा।

~*~

ग्राहक का भरोसेमंद होना ग्राहक से अच्छे संबंध बनाने या बनाए रखने के लिए महत्त्वपूर्ण घटक है। ग्राहक का भरोसा पाने के लिए आपको काफी प्रयत्न करना पड़ता है। भरोसा होने पर ग्राहक आपसे जुड़ाव महसूस करता है तथा दूसरों को भी बताता है और आपसे ज्यादा-से-ज्यादा व्यापार करता है।

~*~

किसी ग्राहक को डाक भेजें तो हाथ से लिखकर भेजें।

~*~

ग्राहक की सहायता करने का एक तरीका उसकी समस्या को हल करना है। आपको ग्राहक की समस्या या समाधान का भाग होना चाहिए।

~*~

ग्राहक के अनुकूल बनें और अपने उत्पाद को भी उसी तरह पेश करें। लोगों को अलग-अलग तरह की चीजें पसंद होती हैं। जितनी भी सीटियाँ और घंटियाँ हैं, वे सिर्फ शोर ही पैदा करती हैं, अगर वे अपनी सही ट्यून न बजा रही हों।

~*~

ग्राहक के प्रति जवाबदेह बनने के लिए समय से चलना आवश्यक है। जवाबदेह बनना यानी ग्राहक को तुरंत जवाब देना। जब ग्राहक आपसे कोई सवाल पूछता है या कुछ माँगता है, तब वह आशा करता है कि आप उसे शीघ्र सुनेंगे तथा जवाब देंगे। यदि आपकी तरफ से इसमें नाहक देरी होती है तो यह दरशाता है कि आप ग्राहक की उपेक्षा कर रहे हैं।

ग्राहक के बताने से पूर्व उसके मन के भाव भाँप लेना एक गुणी सेल्समैन की पहचान है। ऐसा करके आप किसी भी चीज को अपने नियंत्रण से बाहर नहीं जाने देते। ग्राहक आगे बढ़कर सक्रिय रहनेवाले सेल्समैन को ज्यादा पसंद करते हैं, बजाय उसके, जिसको हर बात बतानी पड़े। जब आप स्वयं आगे बढ़कर ग्राहक की समस्या पर काम करते हैं तो आप नुकसान से बचाव ज्यादा अच्छे तरीके से करते हैं। आगे बढ़कर सक्रिय रहने पर आप अपनी ऊर्जा तथा समय का बेहतर इस्तेमाल कर सकते हैं। आगे बढ़कर सक्रिय रहने पर सभी को, विशेषकर ग्राहक को, तनाव कम होता है।

ग्राहक के लिए कई तरह से झुकने के लिए तैयार रहें। ग्राहक कई संभावित उत्तर पसंद करते हैं। कोई भी कुछ पूर्व निर्धारित नियम थोपा जाना पसंद नहीं करता है। परिस्थिति के अनुसार ग्राहक संभावित दिशा में जाना पसंद करेगा। कई बार व्यापार में पूर्व निर्धारित नियम थोपने से व्यापार का लचीलापन खो जाता है, जो ग्राहक से अच्छे संबंध बनाने या बनाए रखने के लिए आवश्यक होता है।

ग्राहक को अच्छी सेवा देने के लिए उनके हाल-चाल पूछते रहना आवश्यक है। हाल-चाल पूछने में कोई ज्यादा मेहनत नहीं करनी पड़ती,

परंतु ग्राहक से हाल–चाल पूछने के फायदे अनगिनत हैं। इससे ग्राहक को यह एहसास होता है कि आप ग्राहक के बारे में चिंता करते हैं और ग्राहक से व्यापार करने के लिए वचनबद्ध हैं। एक साधारण सा प्रश्न, जैसे कि आप कैसे हैं या आपका खरीदा गया सामान ठीक से काम कर रहा है या नहीं, ग्राहक के व्यवहार तथा उसकी जरूरतों को प्रभावित कर सकता है।

ग्राहक को अनुपयोगी परामर्श देने से बचें। यह आप, आपके ग्राहक के साथ संबंध तथा आपके सामान के बारे में ग्राहक पर नकारात्मक प्रभाव डालता है।

ग्राहक को धन्यवाद पत्र लिखे। यह भले ही अनोखा लगे, लेकिन ग्राहक आपके धन्यवाद पत्र को काफी पसंद करेंगे। ग्राहक को व्यापार देने के लिए धन्यवाद पत्र लिखना ग्राहक के साथ आपके संबंध को मजबूत आधार देता है और भविष्य में ग्राहक को आपसे व्यापार करने के लिए प्रेरित करता है। हालाँकि ये बातें काफी छोटी जान पड़ती हैं, पर ये आपके ग्राहक के साथ संबंधों को मजबूत करती हैं।

ग्राहक को सबसे महत्त्वपूर्ण समझें। अगर लोग आप पर विश्वास नहीं करते हैं तो आप किसी भी ग्राहक को पटाकर कुछ भी बेच नहीं सकते।

ग्राहक को सर्वश्रेष्ठ सेवा दें। यह आपकी पहली और प्रमुख प्राथमिकता होनी चाहिए। इससे ग्राहक से आपके संबंध मजबूत और मधुर होते हैं।

कोशिश यह करें कि जब ग्राहक आपसे सामान खरीदे तो उसे अच्छा महसूस हो।

~*~

ग्राहक अब पहले से काफी ज्यादा स्मार्ट और समझदार हो गए हैं। ऐसे में कंपनियों के पास अपने उत्पादों को बेचने के लिए रोज नए तरीके अपनाने पड़ते हैं, ताकि उपभोक्ताओं पर सीधा असर किया जा सके। अब केवल वर्षों से चले आ रहे मार्केटिंग के तरीकों से उपभोक्ता को रिझाया नहीं जा सकता। ग्राहक आप पर विश्वास नहीं कर पाता, तो इस बात की संभावना कम है कि वह आपसे कोई अच्छी खरीदारी करेगा।

~*~

ग्राहक जानना चाहते हैं कि वे ठीक निर्णय ले रहे हैं या नहीं इसलिए आपको ग्राहक को आश्वस्त करना होगा कि आपसे सामान खरीदने का उनका निर्णय सही है।

~*~

ग्राहक जो भी कहे, उसे ध्यानपूर्वक सुनें और उसने जो कहा है, वह किस तरह कहा है, उस पर भी ध्यान दें।

~*~

दुकान पर ग्राहक की जरूरत का सभी सामान उपलब्ध होना चाहिए। ग्राहक खाली निराश होकर नहीं लौटना चाहिए, वरना वह फिर कभी दुकान पर नहीं आता।

~*~

ग्राहक न सिर्फ इस पर ध्यान देता है कि कंपनी क्या करती है, बल्कि इस बात पर भी ध्यान देता है कि कंपनी वह कार्य किस प्रकार

करती है। इसलिए सेवा की गुणवत्ता से संबंधित ग्राहक की धारणा का उचित ध्यान रखा जाना चाहिए।

~ * ~

ग्राहक पर एकदम से टूट न पड़ें, नहीं तो वह आपसे परेशान हो जाएगा।

~ * ~

मान लीजिए कि आप ग्राहकों से संबंधों को महत्त्वपूर्ण मानते हैं, तब क्या आप जैसा अपने ग्राहक से अभी व्यवहार करते हैं, वैसा ही करेंगे या उसमें बदलाव लाएँगे? क्या आप ग्राहक से संबंध बनाए तथा बचाए रखने के लिए काम करते हैं या आप सोचते हैं कि इसका कम मूल्य या कोई मूल्य नहीं है?

~ * ~

यदि आप कमीशन पर काम करते हैं तो अकसर आप ग्राहक को ज्यादा सामान या ज्यादा महँगे सामान बेचने की कोशिश करते हैं; लेकिन अगर आप किसी ऐसे ग्राहक को बड़ी स्क्रीनवाला प्लाज्मा टी.वी. बेचने की कोशिश करते हैं, जो किसी हॉस्टल में रह रहा हो—जिसका कमरा उस टी.वी. के हिसाब से बिल्कुल सही नहीं हो—तो हो सकता है, वह ग्राहक परेशान हो जाए और आपके सेल्स स्टाइल को नापसंद करने लगे। इसलिए सामान बेचने की अपनी इच्छा का इस विचार के साथ संतुलन करें कि कौन सा उत्पाद किसी खास ग्राहक के लिए उपयोगी है।

~ * ~

यह जानने की कोशिश करें कि आपके ग्राहक को वास्तव में क्या चाहिए और क्यों चाहिए?

~ * ~

ग्राहक संबंध और संतुष्टि प्रत्येक कारोबारी उपक्रम का एक महत्त्वपूर्ण आयाम है। सफल व्यापार की बुनियाद उसके सफल ग्राहक संबंध प्रबंधन में निहित होती है।

~*~

ग्राहक सहायता मुख्यत: ग्राहक सेवा के नाम से जानी जाती है। इसमें ग्राहक सेवा प्रतिनिधि किसी ग्राहक को उनके लिए सही उत्पाद का सही तरह से उपयोग करने आदि के बारे में बताते हैं।

~*~

ग्राहक से घनिष्ठता बढ़ाने के लिए कॉमन विषयों पर बात करें, जैसे—खेल-कूद, परिवार, स्कूल इत्यादि।

~*~

ग्राहक से पहली बार व्यवसाय करते समय आपने जितनी कड़ी मेहनत की थी, उतनी ही कड़ी मेहनत व्यवसाय को आगे बनाए रखने के लिए भी करें।

~*~

ग्राहक से संपर्क से पहले अपने उत्पाद से जुड़ी सारी जानकारी अद्यतन रखें तथा ग्राहक से जुड़ी जानकारी भी रखनी चाहिए।

~*~

हमेशा ग्राहक के सामने सच्चे सिद्ध हों; क्योंकि अगर आप सच्चे नहीं हैं तो आपका ग्राहक इसे महसूस कर सकता है।

~*~

ग्राहक ही निर्णय करता है कि वह किसी उत्पाद को खरीदना चाहता है या नहीं। इसलिए उत्पाद के न बिकने पर स्वयं को दोषी न ठहराएँ।

~*~

ग्राहकों और भविष्य के लिए अच्छा डेटाबेस तैयार करें और उसे व्यवस्थित रखें।

~ * ~

ग्राहकों के बारे में जानने के लिए आपको उनसे काफी जानकारी की आवश्यकता होती है। इससे आपको भविष्य में ग्राहकों की जरूरतों का पता चलता है। लेकिन इस जानकारी के लिए ग्राहक को काफी कागजी काम करना पड़ सकता है। ग्राहकों से संबंध बनाए रखने के लिए आपको कागजी काम कम-से-कम रखना चाहिए। आप ही सोचिए, अगर आप कुछ खरीदने जाएँ और आपसे कई फॉर्म भरवाए जाएँ तो आपको कैसा लगेगा? ठीक वैसा ही ग्राहक भी महसूस करते हैं, जब आप उनसे कई-कई फॉर्म भरवाने की कोशिश करते हैं।

~ * ~

ग्राहकों के साथ फोन पर बातचीत को बेहतर अनुभव बनाएँ। उनके फोन का फौरन जवाब दें। यदि ग्राहकों को फोन पर इंतजार भी करना पड़े तो उन्हें अच्छा म्यूजिक सुनाई दे। आपकी बातचीत मुसकराहट के साथ शुरू होनी चाहिए।

~ * ~

ग्राहकों को न्यूजलैटर भेजें, खासकर फुरसत या छुट्टी के दिनों, में जब वे कोई व्यवसाय या नई चीज करने की सोच रहे हों। अच्छी तरह देख लें कि आपने न्यूजलैटर में अपनी वेबसाइट और इ-मेल पता शामिल किया है।

~ * ~

ग्राहकों से अच्छे संबंध रखने के लिए व्यक्तिगत संपर्क आवश्यक है। टेलीफोन पर उत्तर देनेवाली मशीन या इ-मेल वाला व्यवहार ग्राहक

को आपसे दूर कर सकता है। ये नवीन तकनीकें सुविधाजनक हैं, परंतु पुरानी तकनीक को हटा नहीं सकतीं, जिसमें ग्राहक से जीवंत संबंध बनाने पर जोर दिया जाता है।

~*~

ग्राहकों से सामंजस्य बनाते समय अपने दायरे से बाहर निकलकर सोचना उपयोगी हो सकता है। कई बार पहले से अलग विचारधारा ग्राहकों को आकर्षित करती है। यह पुरानी समस्याओं के नए उत्तर देती है या ग्राहकों को नई दिशा देती है।

~*~

ग्राहकों से साल भर संपर्क में रहने के लिए सीधे मेल भेजें। यदि आप चाहते हैं कि आपके उत्पाद सितंबर महीने में जाने जाएँ तो एक समय-सीमा तैयार करें, ताकि सही समय पर उत्पाद ग्राहकों को भेज सकें।

~*~

चलना

अगर आप तेज चलना चाहते हैं तो अकेले चलिए; लेकिन अगर दूर तक जाना चाहते हैं तो साथ-साथ चलिए।

~*~

जवाब

अपने आलोचकों को बोलकर नहीं, बल्कि काम करके जवाब देना चाहिए।

~*~

जानकारी

अधूरी जानकारी लोगों की असफलता का मूल कारण होती है।

~*~

जिंदगी

जिंदगी में ऊपर उठने के लिए चुनौतियों का आना और होना जरूरी है।

ज्यादा आराम की जिंदगी में हम सीख नहीं सकते।

~ * ~

हम अपनी जिंदगी की मुश्किलों के आगे घुटने टेक सकते हैं या उन्हीं मुश्किलों से चुनौती लेकर आगे बढ़ सकते हैं अथवा बढ़ने के लिए इस्तेमाल भी कर सकते हैं।

~ * ~

जोश

बिना जोश के आज तक कोई भी महान् कार्य नहीं हुआ।

~ * ~

ज्ञान

अधूरा ज्ञान, ज्ञान देनेवाले और ज्ञान लेनेवाले—दोनों को नुकसान पहुँचाता है।

~ * ~

टारगेट

ऐसे में जरूरत होती है कि सेल्स के टारगेट के साथ-साथ मार्केटिंग की टीम को कंपनी के दूरगामी लक्ष्य भी समझाए जाएँ। वह तात्कालिक टारगेट पूरे करने के साथ-साथ कंपनी की भविष्य की योजनाओं को भी समझे।

~ * ~

कहा गया है कि हम जैसा सोचते हैं, हमारे काम में वही सोच परिलक्षित होता है। यदि आप नकारात्मक सोचेंगे तो न आप अपने काम

से लगाव रख पाएँगे और न आपका टारगेट पूरा हो सकेगा।

~*~

टीम वर्क

टीम वर्क हमेशा सफलता दिलाता है।

~*~

टीम

स्थानीय टीम या स्कूल के खेल–कूद प्रायोजित करें।

~*~

अपनी भेजी गई डाक के नतीजों पर नजर रखें। जिन ग्राहकों को आपने पोस्टकार्ड भेजे हैं, उनसे जानें कि वे आपके अवसर और उत्पाद का लाभ कब उठा रहे हैं।

~*~

डाक

डाक भेजते वक्त ग्राहकों की जरूरत का ध्यान रखें। मिसाल के तौर पर, हाउस क्लीनिंग सर्विसवाले के लैटर में यह जानकारी होनी चाहिए कि लोग उनकी सेवा लेकर घर साफ रखने में अपना समय बचा सकते हैं, यानी सबसे पहले अपने उत्पाद के फायदे गिनाएँ।

~*~

डिजिटल

डिजिटल मार्केटिंग का इस्तेमाल इंटरनेट द्वारा किया जाता है, जिसमें कई डिजिटल टूल्स व सोशल मीडिया प्लेटफॉर्म का इस्तेमाल करके सीधे ग्राहक या अंतिम खरीदार तक पहुँचा जाता है।

~*~

डेटाबेस

डेटाबेस तैयार करें। आपके डेटाबेस में आपकी जरूरत के मुताबिक ग्राहक और पेशेवरों की जानकारी होनी चाहिए, जो संपर्क करने में काम आएँगे।

तथ्य

किसी भी तथ्य को यदि बार-बार लगातार दोहराया जाए तो वह सत्य प्रतीत होने लगता है। यह विचार ही विज्ञापनों का आधारभूत तत्त्व है। विज्ञापन जानकारी भी प्रदान करते हैं। उदाहरण के लिए, कोई भी वस्तु जब बाजार में आती है, उसके रूप-रंग-संरचना व गुण की जानकारी विज्ञापनों के माध्यम से ही मिलती है, जिसके कारण ही उपभोक्ता को सही और गलत की पहचान होती है। इसलिए विज्ञापन हमारे लिए जरूरी है।

तरक्की

अगर कोई आपको लगातार नीचा दिखाने की कोशिश कर रहा है, इसका मतलब है कि वह व्यक्ति आपकी तरक्की देखकर जल रहा है।

तरीका

नया रास्ता बनाने में समय लगता है; लेकिन दूसरों से आगे निकलने का यही एकमात्र तरीका है।

महान् कार्य करने का एकमात्र तरीका यह है कि आप अपने काम से प्यार करें।

दलाल

दलाल किसी खास उत्पाद की बिक्री में विशेषज्ञ होते हैं। वे दलाली प्राप्त करते हैं।

~*~

दिल

बच्चों में दिलचस्पी दिखाकर आप उनके माता-पिता का दिल जीत सकते हैं। उनकी तसवीरों को प्रदर्शित करें, टी-शर्ट तैयार करें और पार्टी का आयोजन करें।

~*~

दृष्टिकोण

अपना सामान बेचते समय ग्राहक के दृष्टिकोण से सोचें। जबरन कोई चीज थोपने से बचें।

~*~

आगे बढ़ते हुए चाहे कितनी भी मुश्किलें आ जाएँ, हमेशा अपना दृष्टिकोण मजबूत रखिए। आजकल कई कंपनियाँ अपने ग्राहकों पर ध्यान केंद्रित करती हैं। इसका मतलब यह है कि कंपनियों की गतिविधियाँ एवं उत्पाद ग्राहकों की माँग के अनुरूप होते हैं। आम तौर पर यह तीन तरीकों से किया जाता है—ग्राहक-चालित दृष्टिकोण, बाजार में परिवर्तन को पहचानने की समझ और उत्पाद को अभिनव बनाने का दृष्टिकोण।

~*~

उपभोक्ता-संचालित दृष्टिकोण के तहत उपभोक्ता की माँगें रणनीतिक मार्केटिंग फैसलों का निर्धारण करती हैं। कोई भी रणनीति तब तक नहीं अपनाई जाती, जब तक कि वह उपभोक्ता अनुसंधान परीक्षण में सफल न हो जाए। एक उत्पाद का हर पहलू, जिसमें उत्पाद की प्रति

भी शामिल है, वह भावी उपभोक्ता की जरूरतों से संचालित होता है। आरंभिक बिंदु सदैव उपभोक्ता ही होता है। इसके पीछे तार्किक पहलू यह है कि अनुसंधान एवं विकास कोष ऐसे उत्पाद को तैयार करने में नहीं खर्च करना चाहिए, जिसे लोग खरीदना न चाहें। इतिहास गवाह है कि कई उत्पाद प्रौद्योगिकी की अनोखी मिसाल होने के बावजूद बाजार में नहीं चले।

~*~

एक आयत बनाइए और सोचिए कि आपने क्या-क्या दायरे में रहकर किया है और सोचिए कि किस प्रकार आप ग्राहकों को भिन्न दृष्टिकोण प्रदान कर सकते हैं।

~*~

देरी

देरी से शुरुआत करनेवाले लोग अकसर हार जाते हैं।

~*~

दोस्ताना

अपने ग्राहकों के साथ-साथ सबके साथ दोस्ताना व्यवहार करें।

~*~

कुछ कार्य-स्थलों में कर्मचारियों के बीच ज्यादा बिक्री के लिए प्रतिस्पर्धा बढ़ाई जाती है और सप्ताह या महीने की बिक्री की संख्याओं की गिनती भी की जाती है; हालाँकि यह उत्साह के साथ बिक्री करने का एक दोस्ताना तरीका हो सकता है। लेकिन अगर आप लगातार दूसरे सेल्समैनों से अपनी तुलना करते रहे, तो आप हतोत्साहित भी हो सकते हैं।

~*~

दोहराव

सफलता बहुत अच्छी होती है; लेकिन हमें ध्यान रखना चाहिए कि हम एक सफलता को बार-बार दोहराएँ नहीं।

~ * ~

धैर्य

धैर्य के माध्यम से कई लोग उन परिस्थितियों में भी सफल हो जाते हैं, जो एक निश्चित असफलता जान पड़ती हैं।

~ * ~

धैर्य सफलता का प्रमुख तत्त्व है।

~ * ~

ध्यान

अखबार और टी.वी. में आपके विज्ञापन इतने दिलचस्प होने चाहिए कि लोगों का ध्यान खींच सकें।

~ * ~

नकल

नकल करने का सबसे बड़ा नुकसान यह होता है कि हम उन्हीं गलतियों को दोहराते हैं, जो गलतियाँ सामनेवाला व्यक्ति कर चुका होता है।

~ * ~

नकल करनेवाले असफल हो जाते हैं, क्योंकि उन्हें पता नहीं होता कि कब वे सही रास्ते पर जा रहे होते हैं और कब गलत रास्ते पर।

~ * ~

नकल करके पाई गई सफलता लंबे समय तक नहीं टिकती है।

~ * ~

वह व्यक्ति, जो दूसरों की नकल करता है, कुछ समय के लिए तो सफल हो सकता है, परंतु जीवन में बहुत आगे नहीं बढ़ पाता।

~ * ~

नजरअंदाज

आप जब तक अपनी कमजोरियों को नजरअंदाज करते रहेंगे, तब तक जिंदगी में आगे नहीं बढ़ सकते हैं।

~ * ~

नजरिया

किसी चीज को लेकर, विचारों को लेकर मतभेद हो तो यह न सोचें कि सामनेवाला बिल्कुल गलत है; बल्कि चीजों को उसके नजरिए से देखने की कोशिश करें और उसे अपना नजरिया समझाने का प्रयास करें।

~ * ~

नियत तिथि

आपदा से निपटने की योजना आपको सदैव तैयार रखनी चाहिए। अगर आपको नियत तिथि पर अपने ग्राहकों को माल भेजना हो और आपदा की स्थिति उत्पन्न हो जाए तो ऐसी स्थिति में आपको किसी दूसरे तरीके से निर्धारित स्थान तक सामान पहुँचाने का तरीका तैयार रखना चाहिए।

~ * ~

नियम

क्या आपके संगठन के नियम ग्राहकों की परेशानी बढ़ाते हैं या वे ग्राहक और आपके संबंधों में रुकावट बनते हैं ? यदि हाँ, तो ऐसे नियमों को फौरन बदल डालिए।

~ * ~

निर्णय

अगर ग्राहक को अपना निर्णय लेने में ज्यादा समय लग रहा हो तो उस पर थोड़ा दबाव बनाना गलत नहीं है। आप विश्वास करें कि आपने ग्राहक को सबसे अच्छा आइटम खरीदने की सलाह दी है और इसी विश्वास के साथ ग्राहक से कुछ ऐसा पूछें, ''जब तक आप अपनी शॉपिंग कर रहे हैं, उस बीच में क्या आप चाहेंगे कि मैं इस सामान को बिल बनवाने के लिए ले जाऊँ?''

~*~

निर्भरता

यह आप पर निर्भर करता है, या तो आप हालात बदल देंगे या हालात आप को बदल देंगे।

~*~

निर्माण

बिखरना विनाश का पथ है, तो सिमटना निर्माण का।

~*~

निश्चय

यह निश्चय करना कि आपको क्या नहीं करना है, उतना ही महत्त्वपूर्ण है, जितना कि यह निश्चय करना कि आपको क्या करना है।

~*~

नेटवर्क

नेटवर्क मार्केटिंग बिजनेस में मुश्किलें तो आएँगी, लेकिन आपका नजरिया आपको शिखर पर ले जाएगा। नेटवर्किंग इवेंट में जाएँ और दस नए बिजनेस कार्ड इकट्ठे करें।

~*~

नेता

नेतृत्वकर्ता को चाहिए कि वह कर्मचारियों पर अपनी श्रेष्ठता का प्रभाव न डाले। उनके सामने ऐसा प्रदर्शन न करे कि वह सबसे योग्य, अधिक वेतनभोगी और अनुभवी है। नेता को चाहिए कि वह अपनी तकनीकी योग्यता द्वारा कर्मचारियों की जटिलताओं का निवारण करे, जिससे कर्मचारी स्वयं यह अनुभव करें कि उनका नेता वास्तव में एक योग्य तकनीकी व्यक्ति है।

नेता को चाहिए कि वह कर्मचारी के किसी भी कार्य में बाधा न डाले। अकारण बाधा से वह हतोत्साहित हो जाता है और कार्य में रुचि नहीं ले पाता। इससे मशीन को नुकसान हो सकता है या किसी दुर्घटना की संभावना बढ़ सकती है। कर्मचारियों को उचित तरीके से समझाना चाहिए, ताकि कर्मचारी को यह विश्वास न हो कि नेता उनके कार्य में कमी निकाल रहा है।

नेता को चाहिए कि वह कर्मचारियों की आलोचना न करे, उसे एकांत में समझाए। किसी के सामने डाँट-फटकार न करे। इससे कर्मचारी का अहं सुरक्षित रहता है तथा वह अपमान महसूस नहीं करता है।

न्यूजलैटर

हर महीने इलेक्ट्रॉनिक न्यूजलैटर भेजें। यदि आपके पास कर्मचारी और पैसा हो तो अपने ग्राहकों तक पहुँचने के लिए इलेक्ट्रॉनिक न्यूजलैटर का इस्तेमाल करें। इसके अच्छे परिणाम मिलेंगे।

परामर्श

कई बार लोग सोचते हैं कि अनुपयोगी परामर्श देकर ग्राहक को सामान खरीदने के लिए प्रेरित किया जा सकता है; जबकि अधिकतर ग्राहक इस तरह की चालबाजियाँ दूर से ही जान लेते हैं। इस तरह के गलत परामर्श से आप ग्राहकों का भरोसा खो देते हैं। ग्राहक यह सोच सकता है कि विक्रेता उससे किसी खास सामान को खरीदने के लिए क्यों जोर दे रहा है। क्या बेचे जानेवाला सामान इतना घटिया है कि ग्राहक को इस तरह से बेचने को मजबूर होना पड़ा?

~ * ~

परिधान

परिधान साफ-सुथरे रहें। सेल्सपर्सन उचित परिधान पहनें और अपने आप को मेंटेन करके रखें।

~ * ~

परिश्रम

सफलता आपसे अत्यधिक परिश्रम चाहती है, जिसके लिए तैयार रहें।

~ * ~

सफलता का कोई रहस्य नहीं है। वह केवल अत्यधिक परिश्रम चाहती है।

~ * ~

पसंद

अपने ग्राहक को ऐसे उत्पादों का चयन करने दें, जो उसे पसंद आ रहे हों और इस तरह से अपने ग्राहक एवं उसकी पसंद को समझने की कोशिश करें और इसके साथ-साथ खरीदारी करने के पीछे उनका क्या

उद्देश्य है, यह भी समझने का प्रयत्न करें।

~ * ~

पिछड़ना

बने-बनाए रास्तों पर चलनेवाले लोग अकसर पिछड़ जाते हैं, क्योंकि बने-बनाए रास्तों में भीड़ बहुत ज्यादा होती होती है।

~ * ~

पेश, प्रस्तुति

खुद को बेहतर ढंग से पेश करने के लिए सही मौके पर सही कपड़े पहनें। अपने नाक-नक्श और व्यवसाय के मुताबिक सही आकार और स्टाइल में बाल कटवाएँ। साफ-सुथरे और इस्त्री किए हुए कपड़े पहनें। पॉलिश किए हुए साफ जूते पहनें। हो सके तो जूते और बेल्ट एक ही रंग के पहनें। सीधे और तनकर खड़े हों, ताकि आप में आत्मविश्वास झलके। नाक और कान के बाल हमेशा काटकर रखें। नाखून साफ-सुथरे रखें। खुद को सही तरीके से पेश करके आप अपने लिए एक सकारात्मक छवि कायम कर सकते हैं। आपका पहला प्रभाव ही यह बता देता है कि आप कितने गरिमामयी और बेहतरीन व्यक्तित्व के मालिक हैं।

~ * ~

प्रक्रिया

कई बार जिंदा रहने और आगे बढ़ने के लिए बेकार चीजों का त्याग करना और परिवर्तित प्रक्रिया से निकलना बहुत जरूरी होता है।

~ * ~

प्रचार

अपने प्रचार और मार्केटिंग के उपायों से नकारात्मक शब्दों को हटा दें। इनकी जगह सकारात्मक शब्द लिखें।

~ * ~

आपको वही करना चाहिए, जिसका आपने वादा किया था। गलत प्रचार आपके ग्राहकों की संख्या कम कर सकता है और हो सकता है, आपका बिजनेस भी घाटे में जाए।

~ ※ ~

कुछ हटकर सोचें और उत्पाद का प्रचार करें। आसानी से खोजी जानेवाली जानकारी शामिल करें, ताकि लोग पढ़कर आपके पास पहुँच सकें। अपनी कंपनी का लोगो, रंग और हर चीज का इस्तेमाल करें।

~ ※ ~

प्रतिक्रिया

अपने ग्राहकों की प्रतिक्रियाओं को ध्यान से देखें। ग्राहक के चेहरे के हाव-भाव और बॉडी लैंग्वेज से ग्राहक के मिजाज का पता अपने आप चल जाता है।

~ ※ ~

प्रतिभा

कई लोग बचपन से बातूनी होते हैं और बड़े होकर अपनी इस प्रतिभा का उपयोग सेल्स में नौकरी पाने के लिए कर लेते हैं। इसका मतलब यह नहीं कि सेल्स व मार्केटिंग के क्षेत्र में केवल बातूनी लोगों का ही काम है; पर अगर आप में अच्छी और प्रभावी बातचीत करने की क्षमता है, तो यह क्षेत्र आपके लिए है।

~ ※ ~

प्रतियोगिता

अपने उत्पाद को हाईलाइट करनेवाली तरह-तरह की प्रतियोगिता आयोजित करें और जीतनेवालों को इनाम दें।

~ ※ ~

प्रतीक

परिवारों का उपयोग विज्ञापन में एक प्रमुख प्रतीक बन गया है और मुनाफा बढ़ाने के लिए मार्केटिंग अभियानों में उपयोग किया जाता है।

~ * ~

प्रभाव

दुकान, संस्थान के बाहर मनमोहक सुगंध फैलानी चाहिए। इससे ग्राहक पर सकारात्मक प्रभाव पड़ता है।

~ * ~

प्रयत्न

असफलता केवल यह सिद्ध करती है कि आपने प्रयत्न पूरे मन से नहीं किया।

~ * ~

लगातार प्रयत्न करनेवाले लोगों की गोद में सफलता स्वयं आकर बैठ जाती है।

~ * ~

प्रयास

असफल होना मंजूर किया जा सकता है, लेकिन सफल होने के लिए प्रयास न करना मंजूर नहीं किया जा सकता।

सच्चा प्रयास कभी भी निष्फल नहीं होता।

~ * ~

फीडबैक

किसी भी काम की कामयाबी में उत्साह का सबसे ज्यादा योगदान होता है और जिन लोगों में उत्साह होता है, वे दूसरों में भी उत्साह का संचार कर जाते हैं। सेल्स के क्षेत्र में होने के कारण आप में उत्साह का

होना बहुत जरूरी है, ताकि आपके क्लाइंट आपके उत्पाद में दिलचस्पी दिखा सकें और आपको सही फीडबैक दे सकें।

~❋~

फैसला

जीवन में आगे बढ़ने के लिए फैसले लेना जरूरी होता है। हर फैसला सही नहीं हो सकता है, लेकिन फैसला गलत हो जाएगा, यह सोचकर कोई फैसला नहीं लेना सबसे बड़ी मूर्खता है।

~❋~

फॉलो-अप

यह बहुत जरूरी है कि अप-लाइन के तौर पर आप सिर्फ अपनी डाउन-लाइन के लिए योजना ही न दिखाएँ, बल्कि योजना दिखाना, फॉलो-अप करना भी सिखाएँ।

~❋~

बदलाव

बदलाव के लिए हमेशा तैयार रहिए।

~❋~

बरबाद

किसी की बुराई करने का मतलब होता है, अपना समय बेकार के काम में बरबाद करना।

~❋~

बाजार

जब आप सेल्स के लिए किसी बाजार की तलाश पर विचार करें तो पता लगाएँ कि उस बाजार में क्या कमियाँ या अक्षमताएँ मौजूद हैं। क्या आपके पास इन कमियों को दूर करने के लिए एक बढ़िया विचार है?

~❋~

बाजार-केंद्रित या उपभोक्ता-केंद्रित कोई संगठन पहले यह तय करता है कि उसका संभावित ग्राहक चाहता क्या है और तब उत्पाद या सेवा की रचना की जाती है। जब ग्राहक किसी उत्पाद या सेवा को जरूरत होने पर इस्तेमाल करता है या उसे कोई कथित लाभ हासिल होता है तो मार्केटिंग सिद्धांत और व्यवहार न्यायोचित माना जाता है।

~*~

बाजार में एक बैनर टाँगें। अपनी कार में एक मैगनेटिक साइन चिपकाएँ।

~*~

बाजारी प्रतियोगिता के हिसाब से ग्राहकों से मिलें। देखें, आप कितना बेहतर परिणाम देते हैं।

~*~

बातचीत

अपने ग्राहक से हमेशा ज्यादा बातचीत करने की कोशिश करें। अगर आप ग्राहक से बातचीत नहीं करते या उत्पाद के विषय में पूछते नहीं हैं तो हो सकता है कि आप कभी भी बिक्री नहीं कर सकें।

~*~

बाधा

बाधाओं का सामना होने पर विचलित मत होइए। जो लोग प्रयास करते हैं, उन्हें ही बाधाओं का सामना करना पड़ता है। केवल इतना याद रखिए कि बाधाएँ तभी आपका रास्ता रोक सकती हैं, जब आप उन्हें पार करने से पहले हिम्मत हार जाएँगे।

~*~

बिक्री

अगर आप बहुत ज्यादा बिक्री कर लेते हैं तो इस उपलब्धि का जश्न मनाएँ, लेकिन इसे अपना लक्ष्य न बनाएँ।

~ * ~

आप जितनी ज्यादा बिक्री करेंगे, बिक्री करना आपके लिए उतना ही आसान होता जाएगा।

~ * ~

बिक्री एजेंट अनुबंध के आधार पर काम करते हैं और उत्पादक के सभी उत्पाद बेचते हैं। उन्हें कीमत और बिक्री के संबंध में सारे अधिकार होते हैं।

~ * ~

बिक्री के टोटके बढ़ाने के तौर पर एक कंपनी सामाजिक नेटवर्क को अपनी बिक्री बढ़ाने के लिए इस्तेमाल करती है तथा ऑनलाइन खुदरा विक्रेता पहले से अधिक लोगों को जानकारी दे रहे हैं कि आपके जैसी सोच रखनेवाले ग्राहकों के बीच कौन से उत्पाद लोकप्रिय हैं।

~ * ~

बिजनेस

बिजनेस में असफल लोगों में एक चीज समान होती है—उनको योजना दिखाना नहीं आता।

~ * ~

यदि आप अपने बिजनेस से जुड़ा विवरण, आँकड़े या रोचक जानकारी पाते हैं तो उसे इकट्ठा कर लें।

~ * ~

बुनियाद

कार्य ही सफलता की बुनियाद है।

~ ❋ ~

बेचना

बेचना और कुछ नहीं, वास्तव में आपका 90 प्रतिशत दृढनिश्चय और 10 प्रतिशत उसे प्रकट करने का तरीका है।

~ ❋ ~

बेहतर

अपनी जिंदगी को आप ही बेहतर बना सकते हैं।

~ ❋ ~

खुद को बेहतर बनाने में इतना समय दीजिए कि किसी बेकार काम के लिए आपके पास समय ही न बचे।

~ ❋ ~

खुद को हर दिन बेहतर बनाए बिना सफलता को बरकरार नहीं रखा जा सकता है।

~ ❋ ~

ब्रांड

अब केवल ब्रांड के भरोसे की बात नहीं होती, बल्कि उपभोक्ता से सीधा संवाद कर उत्पाद के बारे में जाना जाता है और उपभोक्ता सही मायने में राजा है, इस बात का एहसास दिलवाना भी जरूरी हो गया है। उपभोक्ता अब इतना होशियार हो गया है कि वह बाजार में उपलब्ध उत्पाद को सही तरीके से जानता भी है और उसे इस संबंध में पूरी जानकारी भी है।

~ ❋ ~

कई ब्रांड अब अपने प्रचार-प्रसार संबंधी संदेश मोबाइल गेमों के अंदर डाल रहे हैं या उपभोक्ता की संलग्नता को बढ़ाने के लिए पूरे गेमों को ही प्रायोजित कर रहे हैं। इसे मोबाइल विज्ञापन या एड-फंडेड मोबाइल गेम के रूप में जाना जाता है।

ब्रांड को एक पहचाने जाने योग्य सत्ता के रूप में भी परिभाषित किया जाता है, जो एक विशिष्ट मूल्य का वादा करता है।

~*~

ब्रांड एक नाम, शब्द, डिजाइन, प्रतीक या कोई अन्य विशेषता है, जो किसी उत्पाद या सेवा को प्रतिस्पर्धी के प्रस्ताव से अलग करता है। एक ब्रांड किसी संगठन, उत्पाद या सेवा के प्रति उपभोक्ता के अनुभव का प्रतिनिधित्व करता है।

~*~

भरोसा

अपनी शक्तियों पर भरोसा करनेवाला कभी असफल नहीं होता।

न कहने और सामान की कमी बताने में भी झिझक न करें। इससे ग्राहक का आपके प्रति भरोसा बढ़ता है।

लोगों का भरोसा जीतना सीखें और कभी भी विश्वासघात करके दूसरों को दर्द न दें।

~*~

भविष्य

अगर आप सचमुच एक अच्छे सेल्समैन बनना चाहते हैं तो इसके लिए हद से आगे जाकर प्रयास करें। अपने ग्राहकों के नाम एवं कॉन्टेक्ट नंबर नोट करें और कुछ दिनों में ग्राहकों को ब्रीफ कॉल करके या अन्य तरीके से यह पता करें कि वे अपनी खरीदारी से 100 प्रतिशत संतुष्ट हैं या नहीं। इस तरह आप अपने ग्राहकों को अपना

फैन बना सकते हैं और भविष्य में आपको इसका फायदा भी होगा। इस तरह से आपको अपने ग्राहकों से रेफरल भी मिलेंगे और अपने एंप्लायर से प्रमोशन भी।

~ ※ ~

महत्त्व

जब आप किसी के मूल्य के महत्त्व के बारे में सोचते हैं तो आप इसको बनाए तथा बचाए रखने के लिए काम करते हैं। जब आप किसी का कम मूल्य या कोई मूल्य नहीं सोचते तो उसे छोड़ देते हैं या महत्त्व नहीं देते।

आप ग्राहकों से अपने संबंधों के बारे में क्या सोचते हैं? आप इसे महत्त्वपूर्ण मानते हैं या नहीं?

~ ※ ~

माध्यम

यूरोप और एशिया में एस.एम.एस. के जरिए मोबाइल मार्केटिंग उपभोक्ता तक पहुँचने के एक नए माध्यम के रूप में तेजी से विस्तार ले चुका है। स्पैम का एक नया स्वरूप होने के कारण एस.एम.एस. को शुरुआत में यूरोप के कई भागों में मीडिया का नकारात्मक कवरेज मिला था, क्योंकि कुछ विज्ञापनदाताओं ने सूचियों को खरीदकर उपभोक्ताओं के फोन पर अवांछित सामग्री भेजनी शुरू कर दी थी। हालाँकि मोबाइल ऑपरेटरों द्वारा दिशा–निर्देश तय किए जाने के बाद एस.एम.एस. मोबाइल मार्केटिंग इंडस्ट्री की सबसे अधिक लोकप्रिय शाखा बन गई है, जिसके जरिए हर महीने विज्ञापन संबंधी करोड़ों एस.एम.एस. भेजे जाते हैं।

~ ※ ~

मार्केटिंग

अच्छी मार्केटिंग इस काबिल होनी चाहिए कि वह उपभोक्ताओं

हेतु एक प्रस्ताव या लाभों का सेट बना सके, ताकि उत्पादों या सेवाओं के माध्यम से ग्राहक को उसके पैसे का मूल्य अदा किया जा सके।

~*~

अनुसंधान यह तय करने के लिए किया जाता है कि उस नए उत्पाद हेतु लाभदायक बाजार मौजूद है। तर्क यह है कि शायद ग्राहकों को नहीं मालूम कि भविष्य में उनके पास क्या विकल्प मौजूद होंगे; तो हमें यह उम्मीद नहीं करनी चाहिए कि वे हमको बताएँ कि वे भविष्य में क्या खरीदेंगे, तथापि विक्रेता आक्रामक तरीके से उत्पाद नवाचार को अपना सकते हैं और उसका लाभ उठा सकते हैं। उत्पाद नवाचार दृष्टिकोण का पालन करते वक्त विक्रेता को यह तय कर लेना चाहिए कि उनके पास विभिन्न एवं विविध उत्पाद नवाचार दृष्टिकोण हों। यह दावा किया जाता है कि यदि थॉमस अल्वा एडिसन मार्केटिंग शोध पर निर्भर होते तो वे बिजली के बल्ब का आविष्कार करने की बजाय बड़े आकार की मोमबत्तियाँ बनाते। कई कंपनियाँ, जैसे अनुसंधान व विकास-केंद्रित कंपनियाँ, सफलतापूर्वक उत्पाद की नवीनता पर फोकस करती हैं, जो निरंतर वीडियो गेम्स खेलने का तरीका बदलती रहती हैं। कई शुद्धाचार भक्त इस पर संदेह करते हैं कि क्या वाकई यह एक किस्म का मार्केटिंग दिशा-निर्देश है, क्योंकि उपभोक्ता अनुसंधान का दर्जा बाद में आता है। कुछ लोग तो यह प्रश्न उठाते हैं कि क्या यह मार्केटिंग है ?

~*~

मार्केटिंग एक जानकारी देनेवाला व्यावसायिक कार्य है, जो लक्ष्य किए जा रहे बाजार को कंपनी व उसके उत्पादों के प्रतिस्पर्धात्मक लाभ एवं कीमत के बारे में सूचित व शिक्षित करता है।

~*~

एक नोटबुक या डायरी में अपने मार्केटिंग आइडिया लिखें।

~*~

मार्केटिंग एक संगठनात्मक कार्य और प्रक्रियाओं का एक समूह है, जिससे ग्राहक बनाए जाते हैं, उनसे संप्रेषण किया जाता है और उन्हें उपयोगिता प्रदान की जाती है तथा उपभोक्ता से रिश्ते बनाए जाते हैं, ताकि संगठन एवं उसके हित-धारकों को लाभ मिले।

~*~

मार्केटिंग एक सतत प्रक्रिया है, जिसके अंतर्गत उत्पाद, मूल्य, स्थान, प्रोत्साहन की योजना बनाई जाती है और उसका कार्यान्वयन किया जाता है। यह प्रक्रिया व्यक्तियों और संगठनों के बीच उत्पादों, सेवाओं या विचारों के आदान-प्रदान हेतु की जाती है।

~*~

एम.एम.एस. मोबाइल मार्केटिंग में इमेजेज, टेक्स्ट, ऑडियो और वीडियो का एक समय-आधारित स्लाइड शो मौजूद हो सकता है। इस मोबाइल सामग्री को एम.एम.एस. (मल्टीमीडिया मेसेज सर्विस) के माध्यम से वितरित किया जाता है। रंगीन स्क्रीन के साथ बनाए गए लगभग सभी नए मोबाइल फोन स्टैंडर्ड एम.एम.एस. संदेश भेजने और प्राप्त करने में सक्षम होते हैं।

~*~

मार्केटिंग ऐसा क्षेत्र है, जहाँ मेहनत के साथ-साथ सही व्यवहार और सकारात्मक मानसिकता के तहत काम करना होता है। मार्केटिंग पेशेवर के रूप में आप पर कंपनी की साख को बढ़ाने और उसे कायम रखने की अहम जिम्मेदारी होती है।

~*~

मार्केटिंग का उत्पाद संबंधी पहलू वास्तविक माल या सेवाओं के ब्यौरे के बारे में है कि ये कैसे अंतिम उपयोगकर्ता की जरूरतों एवं माँगों से संबंधित हैं। एक उत्पाद के दायरे में कुछ सहयोगी तत्त्व भी आते हैं; जैसे—वारंटी, गारंटी और सपोर्ट।

~ ❋ ~

मार्केटिंग का केंद्र कंपनी तथा उत्पाद संबंधी सूचनाएँ निश्चित ग्राहकों तक पहुँचाने पर केंद्रित रहता है।

~ ❋ ~

मार्केटिंग का ध्येय होता है कंपनी और उसके उत्पादों के लिए लक्षित बाजारों में प्राथमिकता का निर्माण करना तथा उसे बनाए रखना।

~ ❋ ~

मार्केटिंग कार्य में कई निर्णय किए जाते हैं कि कौन सी सूचना देनी है, कितनी सूचना देनी है, किसको देनी है, कैसे देनी है और कहाँ देनी है। एक बार फैसले कर लिये जाएँ तो ऐसी कई युक्तियाँ और प्रक्रियाएँ हैं, जिन्हें चुनिंदा रणनीतियों के समर्थन में लागू किया जा सकता है।

~ ❋ ~

मार्केटिंग किसी संगठन को बनाने या निर्देशित करने की प्रक्रिया है, ताकि लोगों को सफलतापूर्वक वह उत्पाद या सेवा बेची जा सके, जिसकी न केवल उन्हें जरूरत है, बल्कि वे उसे खरीदने के इच्छुक भी हैं।

~ ❋ ~

मार्केटिंग की दुनिया में यह बात पत्थर की लकीर है कि मुँह से की गई तारीफ मार्केटिंग का सबसे बेहतरीन तरीका है। इसके अंतर्गत यह देखा गया है कि अपने मित्र या रिश्तेदार द्वारा किसी उत्पाद की तारीफ आपको काफी प्रभावित करती है।

~ ❋ ~

मार्केटिंग की सफलता के लिए बाजार को उपभोक्ताओं की माँगों व जरूरतों के अनुसार प्रतिबिंबित होना चाहिए।

~*~

मार्केटिंग के कार्य में सकारात्मक मानसिकता, आत्मविश्वास, उत्साह इत्यादि जैसे गुण आपके ग्राहक की आप में रुचि प्रदर्शित करते हैं। निस्संदेह इससे आपको आश्चर्यजनक परिणाम मिल सकते हैं।

~*~

मार्केटिंग के दो प्रमुख घटक हैं—नए ग्राहकों को शामिल करना (अधिग्रहण) तथा मौजूदा ग्राहकों को बनाए रखना एवं उनके साथ संबंधों का विस्तार करना (आधार प्रबंधन)।

~*~

मार्केटिंग के भीतर अलग-अलग शाखाएँ हैं। रिटेल में सेल्स फोर्स और वितरकों का प्रबंधन अलग शाखा है। इसी तरह ब्रांड को स्थापित करने की भी अलग शाखा है, जिसे ब्रांड मैनेजमेंट कहा जाता है। अगर आप सेल्स और वितरण प्रबंधन को लें तो इसके लिए फील्ड का अच्छा अनुभव होना सबसे जरूरी है। अगर आपके पास एम.बी.ए. की डिग्री नहीं है, तब भी इस क्षेत्र में आप अच्छा काम कर सकते हैं।

~*~

मार्केटिंग के लिए एक साल की योजना बनाएँ, फिर इसमें हर महीने की योजना शामिल करें।

~*~

मार्केटिंग को एक रचनात्मक उद्योग के रूप में देखा जाता है, जिसमें विज्ञापन, वितरण और बिक्री शामिल हैं। इसका संबंध ग्राहकों की भावी आवश्यकताओं व आकांक्षाओं का पूर्व विचार करने से भी है, जो प्रायः

बाजार शोध के माध्यम से पता लगाई जाती हैं।

~*~

मार्केटिंग ग्राहक-केंद्रित है। उत्पादों का विकास ग्राहकों के एक समूह या कुछ मामलों में कुछ खास ग्राहकों की आवश्यकताओं की पूर्ति हेतु किया जाता है।

~*~

जो मार्केटिंग मैटीरियल आपको अच्छा लगे, उसे इकट्‌ठा करें और उसके आइडिए का इस्तेमाल अपनी मार्केटिंग में करें।

~*~

मार्केटिंग टीम को उत्पाद बनानेवालों के इरादों की खबर होनी चाहिए, क्योंकि उन्हें ही बाजार में इन्हें बेचना है।

~*~

मार्केटिंग पर विचार के लिए हर रोज, हर सप्ताह या हर महीने अलग से कुछ समय निकालें।

~*~

मार्केटिंग प्रबंधन प्रबंधन का वह भाग है, जिसके अंतर्गत मार्केटिंग संबंधी सभी क्रियाएँ संपन्न की जाती हैं। इसके अंतर्गत उत्पादन से पूर्व और पश्चात् की क्रियाएँ तथा सेवाएँ सम्मिलित होती हैं। वस्तुओं और सेवाओं को ग्राहकों की आवश्यकतानुसार बनाया जाता है।

~*~

मार्केटिंग प्रबंधन मार्केटिंग की तकनीकों का व्यावहारिक उपयोग है। मार्केटिंग प्रबंधक का कार्य माँग के स्तर, समय एवं संरचना को इस प्रकार से प्रभावित करना है, ताकि संगठन के उद्‌देश्यों की पूर्ति की जा सके।

~*~

'मार्केटिंग' शब्द का प्रयोग दो अर्थों में किया जाता है। संकुचित अर्थ में मार्केटिंग के अंतर्गत उन समस्त क्रियाओं को शामिल किया जाता है, जो वस्तुओं के उत्पादन केंद्रों से लेकर उन्हें उपभोक्ताओं तक पहुँचाने के लिए की जाती हैं। इस दृष्टि से मार्केटिंग के क्षेत्र में केवल क्रय, विज्ञापन, परिवहन, संग्रह आदि क्रियाएँ ही आती हैं। किंतु व्यापक दृष्टि से मार्केटिंग में विक्रय-नीतियाँ, विक्रय प्रबंधन व संगठन, मूल्य-निर्धारण, वस्तु का विकास, व्यावसायिक जोखिमों को कम करने के साधन आदि सभी क्रियाओं का समावेश किया जा सकता है।

~ ⁕ ~

मार्केटिंग में आपका पहला मकसद होता है—उपभोक्ता को संतुष्ट करना और ज्यादा-से-ज्यादा क्लाइंट जोड़ना। इसलिए जब भी लगे कि अमुक तकनीक में बदलाव की जरूरत है, आपको तत्काल उस तकनीक को अपना लेना चाहिए।

~ ⁕ ~

मार्केटिंग में नवीनता लाने की बात सभी कंपनियों के मार्केटिंग विभागों में लगातार की जाती है और अब तो मार्केटिंग की पढ़ाई में भी मार्केटिंग में नयापन कैसे लाया जाए, इस संबंध में बताया जाता है। किसी उत्पाद को बेचने के नए-नए तरीके खोजने के संबंध में प्रतियोगिता भी आयोजित की जाती है।

~ ⁕ ~

मार्केटिंग में सफल सेल्समैन को सबसे प्रभावी वितरण चैनलों की पहचान और विकास करना चाहिए, जो थोक व्यापारियों का नेटवर्क हो, साझेदारी गठबंधन हों, फ्रेंचाइजिंग हो या बाजार के अन्य रास्ते।

~ ⁕ ~

मार्केटिंग सह-ब्रांडिंग में मार्केटिंग गतिविधियाँ शामिल होती हैं, जिसमें दो या अधिक उत्पाद होते हैं।

~*~

सीधे-सादे ढंग से की गई मार्केटिंग ग्राहक को अच्छी लगती है और वह लंबे समय तक उसकी यादों में रहती है।

~*~

मिलनसार

अपने शॉपिंग सेंटर या सेवा संस्थान के मेन काउंटर पर सुंदर व मिलनसार महिलाओं को बिठाया जाना चाहिए।

~*~

वैसे तो सेल्समैन के लिए कोई खास तरह का स्टाइल नहीं होता, लेकिन प्रॉपर्टी सेल्समैन किसी कपड़े की दुकान पर काम करनेवाले सेल्समैन से निश्चित रूप से अलग तरह से अपने आपको प्रस्तुत करेगा; लेकिन आपको यह समझना पड़ेगा कि आप किस तरह से सभ्य, आकर्षक और मिलनसार दिख सकते हैं।

~*~

मीडिया

नए साल या किसी और छुट्टी के दिन मीडिया के लिए लंच या डिनर का आयोजन करें।

~*~

मुश्किल

जमाने का काम है मुश्किलें खड़ी करना और हमारा काम है मुश्किलों को पार करके जीत जाना।

~*~

मूल्य

मूल्य–निर्धारण से आशय उस पैसे से है, जो एक उत्पाद के बदले दिया जाता है। यह मूल्य वस्तु की उपयोगिता से निर्धारित होता है कि ग्राहक उसके बदले में कितने पैसे और/या बलिदान देने को तैयार है।

~ * ~

वह कीमत है, जो ग्राहक किसी उत्पाद का मालिक बनने या उसको इस्तेमाल करने के लिए चुकाता है।

~ * ~

मेहनत

कुछ लोग सफलता के सपने देखते हैं, जबकि सफल व्यक्ति जागते हैं और कड़ी मेहनत करते हैं।

~ * ~

दुनिया आपको मुफ्त में कुछ नहीं देती, अत: सफलता का पकवान चखने के लिए आपको कड़ी मेहनत करनी होगी।

~ * ~

पहली बार ग्राहक से व्यापार पाते वक्त आपने शायद बहुत कड़ी मेहनत की होगी। आपने ग्राहक को अपना सामान या सेवा से होनेवाले फायदे के बारे में बताते हुए अत्यधिक समय लगाया होगा। ग्राहक की आवश्यकताओं और उन्हें कैसे पूरा करना है, को सीखा होगा। आपने वादा किया होगा कि आप ग्राहक की आवश्यकताओं को समय पर तथा हर समय पर सर्वोत्तम तरीके से पूरा करेंगे। अब, जब आप ग्राहक को सामान बेच ही चुके हैं, आप उतनी कड़ी मेहनत व्यवसाय को आगे बनाए रखने में कीजिए, जितनी आपने पहली बार ग्राहक से व्यापार पाते वक्त की थी। ग्राहक से हर बार मिलते समय वैसे ही ध्यान दें, जैसे कि

आप पहली बार ग्राहक से व्यापार पाते वक्त कर रहे थे।

~*~

सपने तभी पूरे होते हैं, जब सपनों को पूरा करने के लिए दिन-रात मेहनत की जाए। वरना सपने देखते-देखते ही जिंदगी गुजर जाती है और कोई भी सपना पूरा नहीं होता है।

~*~

मोल-भाव

मोल-भाव में कभी जल्दबाजी न दिखाएँ। आपको मोल-भाव भी उतना ही करना चाहिए, जितना आपके वश में हो।

~*~

मौलिकता

किसी की नकल करके छोटी अवधि के लिए सफलता पाई जा सकती है, लेकिन बड़ी अवधि के लिए सफल होने के लिए और बड़ी सफलता पाने के लिए मौलिकता बहुत जरूरी है।

~*~

योजना

अगर तैरना सीखना है तो पानी में जाना ही होगा और चार गोते खाने ही पड़ेंगे। अगर योजना दिखाना सीखना है तो मार्केट में जाना पड़ेगा और चार लोगों की नहीं सुननी पड़ेगी।

~*~

अच्छी योजना बनाना बुद्धिमानी का काम है, पर उसको ठीक से पूरा करना धैर्य और परिश्रम का।

~*~

असफल लोगों में एक चीज समान होती है—उनको योजना दिखाना नहीं आता।

~*~

आपका काम उस दिन से शुरू नहीं होता, जिस दिन आप ज्वॉइन करते हैं; बल्कि उस दिन शुरू होता है, जिस दिन आप खुद योजना दिखाते हैं, खुद फॉलोअप करते हैं।

~*~

रणनीति

कंपनी को जरूरत के मुताबिक अपनी रणनीति बदल लेनी चाहिए। यह नहीं सोचना चाहिए कि रणनीति में तो बदलाव नहीं हो सकता। रणनीति को लेकर लचीलापन रहेगा तो लक्ष्य हासिल करने और आगे बढ़ने में सहूलियत होती है।

~*~

रास्ता

आपको मुश्किल हालात से निकलना ही होगा, अगर आगे बढ़ना चाहते हैं; नहीं तो आप कभी सीख नहीं सकते। इससे बढ़िया रास्ता सीखने का है ही नहीं।

~*~

लक्ष्य

अकसर सेल्स टीम के लिए बड़े लक्ष्य तय कर दिए जाते हैं। दबाव में वह ग्राहकों से चाँद-तारे देने का वादा कर देते हैं। ऐसे वादे, जिन्हें पूरे करना कंपनी के बस की बात नहीं होती। इनसे बचना चाहिए।

~*~

अपने लक्ष्य का बाजार साफ पहचानें। पता करें कि आपके ग्राहक

क्या पढ़ते हैं, क्या सुनते हैं और उन तक पहुँचने का क्या अच्छा तरीका है। अपने लक्ष्य की ओर ध्यान केंद्रित करें। आप अवश्य जीतेंगे।

~*~

उठो, जागो और तब तक मत रुको, जब तक तुम्हें लक्ष्य न प्राप्त हो जाए।

~*~

एक मार्केटिंग योजना लिखें, जिसमें आपका लक्ष्य और उसे पाने का तरीका लिखा हो। इसके लिए एक टाइम टेबल तैयार करें।

~*~

कठिन परिस्थितियाँ हमें कठिन लक्ष्यों को पाने लायक बनाती हैं।

~*~

बतौर सेल्समैन साल भर के लक्ष्य को लिखें। एक साल में तीन लक्ष्य से ज्यादा न रखें। उदाहरण के तौर पर, आप एक लक्ष्य पर जनवरी से अप्रैल तक ध्यान लगाएँ, उसके बाद मई से अगस्त तक दूसरे लक्ष्य की ओर बढ़ें।

~*~

सेल्स ऐसा क्षेत्र है, जिसमें आप पर केवल लक्ष्य का बंधन होता है, बाकी कार्य आप अपनी इच्छानुसार कर सकते हैं। अगर आप छोटे स्तर से भी काम करते हैं, तब भी इसमें सभी के लिए कुछ-न-कुछ है। कई युवा मात्र 12वीं पास होने के बाद सेल्स के क्षेत्र में काम करने लगते हैं।

~*~

लक्ष्य को पाने की रूपरेखा बनाएँ। यदि कोई फूलवाला कॉरपोरेट व्यवसाय करना चाहता है तो उसे उन कंपनियों की लिस्ट बनानी होगी,

जिन पर वह ध्यान देना चाहता है। वह कंपनी के खास लोगों से संपर्क कर सकता है और उसे बुके या पत्र भेज सकता है।

~ * ~

लाभ

अगर आपकी कुछ बिक्रियों से आपको ज्यादा लाभ नहीं हो सका तो उनके विषय में सोच-सोचकर अपना बहुत सारा समय नष्ट करने से आप निराश तो होंगे ही, हतोत्साहित भी हो जाएँगे। इसलिए बुरी बिक्रियों को पीछे छोड़ दें। आगे जो सुनहरे अवसर आपके सामने हैं, उनकी तरफ ध्यान देकर तेजी से एक नई शुरुआत करने से आप जल्दी ही एक सफल सेल्समैन बन सकेंगे।

~ * ~

प्रतिस्पर्धात्मक लाभ इस बात को दरशाता है कि कंपनी या उसके उत्पाद दोनों अपने प्रतिद्वंद्वी से बेहतर ऐसा कुछ कर रहे हैं, जिससे उपभोक्ता को फायदा पहुँचे।

~ * ~

लोकप्रिय

वर्ष 2000 की शुरुआत में यूरोप और एशिया के कुछ हिस्सों में एस.एम.एस. (शॉर्ट मेसेज सर्विस) का चलन बढ़ने से मोबाइल फोन पर मार्केटिंग तेजी से लोकप्रिय हुई, जहाँ व्यवसायों ने मोबाइल फोन नंबरों को इकट्ठा किया और उन पर वांछित (या अवांछित) सामग्री भेजना शुरू कर दिया।

~ * ~

लोग

कई लोग इसके बारे में बहुत ज्यादा सोचते हैं कि वे अगले एक

साल में क्या कर सकते हैं; लेकिन वे इस बारे में बहुत कम सोचते हैं कि अगले दस सालों में क्या कर सकते हैं।

~*~

लोग किसी वस्तु को किसी उद्देश्य को पूरा करने का साधन समझकर खरीदते हैं, इसलिए अपने ग्राहक की इच्छाओं को समझकर और उन्हें अपनाकर आप एक असाधारण सेल्समैन बन सकते हैं।

~*~

बेकार के कामों में उलझे रहनेवाले लोग जिंदगी में कुछ नहीं बन पाते हैं।

~*~

लोग आपको सैल्यूट क्यों करेंगे, आपको सुनने के लिए हजारों लोग क्यों इकट्ठे होंगे? क्योंकि जिन हालातों में आम लोगों ने हौसला छोड़ दिया, आपने उन्हीं हालातों में कामयाब होकर यह साबित कर दिया कि आप उत्तम हैं।

~*~

वक्त

सही वक्त पर डाक द्वारा ग्राहकों को तोहफे भेजें। यदि आप उन्हें दीपावली के मौके पर खास सुविधा दे रहे हैं, तो इसकी जानकारी सितंबर के अंत तक पहुँच जानी चाहिए।

~*~

वस्तु

अच्छे सेल्समैन हमेशा ग्राहकों के लिए उचित वस्तु का चयन करते हैं।

~*~

विकास

अपने पुराने स्कूल के लड़के-लड़कियों से मिलें और उन्हें अपने व्यवसाय एवं नए विकास के बारे में बताएँ।

~ ✻ ~

औद्योगिकीकरण आज विकास का पर्याय बन गया है। उत्पादन बढ़ने के कारण यह आवश्यक हो गया है कि उत्पादित वस्तुओं को उपभोक्ता तक पहुँचाया ही नहीं जाए, बल्कि उसे उस वस्तु की जानकारी भी दी जाए। वस्तुतः मनुष्य को जिन वस्तुओं की आवश्यकता होती है, वह उन्हें तलाश ही लेता है। इसके ठीक विपरीत उसे जिसकी जरूरत नहीं होती, वह उसके बारे में सुनकर अपना समय खराब नहीं करना चाहता। इस अर्थ में विज्ञापन वस्तुओं को ऐसे लोगों तक पहुँचाने का कार्य करता है, जो यह मान चुके होते हैं कि उन वस्तुओं की उसे कोई जरूरत नहीं है। आशय यह कि उत्पादित वस्तु को लोकप्रिय बनाने तथा उसकी आवश्यकता महसूस कराने का कार्य विज्ञापन करता है।

~ ✻ ~

विक्रय

विक्रय वृद्धि की एक बड़ी खामी यह है कि प्रतिद्वंद्वियों द्वारा इसे आसानी से कॉपी किया जा सकता है। इसका इस्तेमाल करते हुए हमेशा अपने उत्पाद को दूसरों से भिन्न नहीं रखा जा सकता।

~ ✻ ~

विचलित

प्रचंड वायु में भी पहाड़ विचलित नहीं होते।

~ ✻ ~

विचार

विचार करें कि आप ग्राहक को कैसे बताते हैं कि आप ग्राहक से

व्यवहार बनाए तथा बचाए रखने को महत्त्व देते हैं।

~*~

विचारधारा

अपने दायरे से बाहर निकलकर सोचें। तात्पर्य यह है कि पारंपरिक विचारधारा से आगे निकलकर सोचें या आप पूर्व में जैसा करते रहे हैं, उससे अलग हटकर करें।

~*~

विज्ञापन

अपने विज्ञापन का साइज बड़ा करें और अपने क्षेत्र में बाँटें।

विज्ञापन उपभोक्ता, समाज और उत्पादन के बीच संबंध स्थापित करने का कार्य करता है।

~*~

ऑनलाइन विज्ञापन व्यापार का बहुत ही बड़ा क्षेत्र है तथा यह इंडस्ट्री बहुत ही तेजी से बढ़ रही है। ऑनलाइन विज्ञापन, जिसे कि इंटरनेट विज्ञापन भी कहा जाता है, इंटरनेट के माध्यम से विज्ञापनों को उपभोक्ताओं तक पहुँचाता है। इसके अंतर्गत इ-मेल मार्केटिंग, सर्च इंजन मार्केटिंग, सोशल मीडिया मार्केटिंग, विभिन्न प्रकार के दृश्य मीडिया विज्ञापन (वेब व बैनर विज्ञापन भी शामिल) तथा मोबाइल विज्ञापन आदि आते हैं। विज्ञापन का यह साधन बहुत ही सशक्त है, जिसका उपयोग सही योजना बनाकर किए जाने पर इसके परिणाम बहुत ही सकारात्मक आते हैं।

~*~

विज्ञापन का शीर्षक आकर्षक होना चाहिए। वैसे चित्रात्मक विज्ञापन के लिए शीर्षक की आवश्यकता कम होती है। फिर भी, जहाँ आवश्यकता

हो, शीर्षक देने से परहेज नहीं करना चाहिए। इससे विज्ञापन के विषय का ज्ञान हो जाता है।

~*~

किसी भी विज्ञापन की सबसे बड़ी विशेषता यह होती है कि वह लोगों का ध्यान आकर्षित करे। विज्ञापन की प्रस्तुति, भाषा और स्थान ऐसा होना चाहिए, जिससे लोगों की दृष्टि उस पर अवश्य पड़े। ऐसा न होने पर वह अपने उद्देश्य में सफल नहीं हो पाएगा।

~*~

विज्ञापन के कार्य हैं—नवीन वस्तुओं और सेवाओं की सूचना देना, किसी वस्तु की उपयोगिता एवं श्रेष्ठता बताते हुए उसकी ओर लोगों का ध्यान आकर्षित करना, उपभोक्ताओं में वस्तु के प्रति रुचि तथा विश्वास उत्पन्न करना, उपभोक्ताओं की स्मृति को प्रभावित करना, विशेष छूट आदि की जानकारी देते हुए उपभोक्ता-माँग में वृद्धि करना; वस्तु को स्वीकार करने, अपनाने और उसे खरीदने की प्रेरणा देना।

~*~

विज्ञापन के माध्यम से उपभोक्ता में उत्पादित नई वस्तु के प्रति रुचि पैदा की जाती है। केवल वस्तु ही नहीं, उत्पादनकर्ता, वस्तु की उपयोगिता तथा उसके गुणों की जानकारी देने का कार्य भी विज्ञापन करता है। इस तरह उपभोक्ता के पास एक जैसी वस्तुओं की तुलना, उनके मूल्यों का अंतर आदि का विकल्प विज्ञापन के माध्यम से उपलब्ध होता है और वह अपनी सुविधा से अपने उपयोग की वस्तु का चयन कर उसे खरीदता है।

~*~

विज्ञापन के माध्यम से कम-से-कम समय में उत्पाद की जानकारी दी जाती है। लोगों के व्यस्त समय में से एक क्षण चुराकर विज्ञापन को

उनके सामने प्रदर्शित किया जाता है। ऐसे में विज्ञापन यदि रुचिकर नहीं होगा तो अपने अन्य कामों में लगा हुआ व्यक्ति उसकी ओर ध्यान नहीं दे पाएगा। इसलिए यह आवश्यक है कि उत्पाद का उपयोग करनेवालों तथा विज्ञापन देखनेवाले दोनों की रुचि का खयाल रखा जाए।

~*~

विज्ञापन के माध्यम से नई वस्तुओं के उत्पादन तथा उसकी उपयोगिता की जानकारी दी जाती है, जिससे उपभोक्ताओं का ध्यान उस वस्तु के इस्तेमाल की ओर केंद्रित होता है। इस प्रकार विज्ञापन बाजार का निर्माण करता है।

~*~

विज्ञापन के माध्यम से मार्केटिंग कई रचनात्मक कलाओं से भी जुड़ती है।

~*~

विज्ञापन के विभिन्न चरण होते हैं, जिनमें बाजार शोध, लक्ष्यों की स्थापना करना, बजटिंग, मीडिया का चुनाव (टेलीविजन, अखबार, रेडियो), अभिनेताओं का चुनाव, डिजाइन, शब्द, समन्वय इत्यादि रणनीतियाँ शामिल होती हैं।

~*~

जिस उत्पाद या वस्तु को विज्ञापित किया जा रहा है, उसकी मुख्य विशेषता विज्ञापन में होनी चाहिए, जिससे लोगों में उसके प्रति धारणा स्थापित करने में रुकावट न पैदा हो। मुख्य बातें या केंद्र-बिंदु को आधार बनाकर विज्ञापन अधिक तर्कसंगत तथा प्रभावी बनाया जा सकता है।

~*~

तमाम आलोचनाओं के होते हुए भी विज्ञापन हमारे जीवन-स्तर को

सुधारने तथा उत्पादन बढ़ाने का प्रभावी माध्यम है।

~*~

विज्ञापन द्वारा मार्केटिंग संचार रणनीति के हिसाब से विभिन्न श्रेणियों के लिए मार्केटिंग संदेश तैयार किए जाते हैं और उन्हें तय लक्ष्य की ओर प्रेषित किया जाता है। अजनबियों को ग्राहक में परिवर्तित करने के पृथक् चरण होते हैं, जो इस्तेमाल किए जानेवाले संचार माध्यम को नियंत्रित करते हैं।

~*~

विज्ञापन निर्माता व थोक व्यापारी को प्रतिद्वंद्वियों के उत्पाद एवं अपने उत्पाद की कमियों के बारे में जानकारी देता है।

~*~

पत्र-पत्रिकाओं में प्रकाशित विज्ञापन हों या होर्डिंग आदि के माध्यम से प्रस्तुत, उनकी साज-सज्जा इतनी मौलिक होनी चाहिए कि वे अपनी ओर लोगों की दृष्टि अपने आप खींच लें। सामान्य से अलग, कुछ विशेष आकर्षण होना विज्ञापन की शर्त है।

~*~

पेशेवर विज्ञापनदाता अकसर उपभोक्ताओं के मन में कुछ गुणों के साथ एक उत्पाद का नाम या छवि जोड़ जाते हैं, जिसे ब्रांडिंग कहा जाता है। ब्रांडिंग उत्पाद या सेवा की बिक्री बढ़ाने में एक प्रमुख भूमिका निभाता है।

~*~

विज्ञापन प्रतीकों के माध्यम से अपनी बात कहता है। वह कभी हास्य के माध्यम से, कभी लय के माध्यम से, कभी-कभी भय उत्पन्न करके भी अपने लक्ष्य को प्राप्त करने का प्रयत्न करता है। विज्ञापन की

कलात्मकता एवं सृजनात्मकता इस बात में निहित है कि यह परिस्थितियों को नए नजरिए से देखने की कोशिश करता है।

~*~

विज्ञापन बनानेवाली एजेंसी को चाहिए कि वह ऐसा विज्ञापन तैयार करे, जो पढ़े-लिखे व अनपढ़, शहरी व गाँव, सभी के लिए सुबोध हो। जिस विज्ञापन को समझने में दर्शक को दिमाग लगाना पड़ेगा, उसके प्रति वह जुड़ाव महसूस नहीं कर पाएगा। ऐसी स्थिति में जब लोग उसे समझ ही नहीं पाएँगे तो उत्पाद को उपयोग में लाने की ओर कदम कैसे बढ़ाएँगे?

~*~

विज्ञापन में यह गुण होना चाहिए कि वह स्थिर होते हुए भी देखने या पढ़नेवाले की सोच को गति प्रदान करे। इसके लिए उसमें गत्यात्मक संकेत होने आवश्यक हैं, जिससे विज्ञापन जहाँ समाप्त हो, देखनेवाला उसके आगे को सोचकर उसके उपयोग के लिए अपना मन बनाए।

~*~

विज्ञापन विक्रय कला का एक नियंत्रित जन-संचार माध्यम है, जिसके द्वारा उपभोक्ता को दृश्य एवं श्रव्य सूचना इस उद्देश्य से प्रदान की जाती है कि वह विज्ञापनकर्ता की इच्छा से विचार सहमति, कार्य या व्यवहार करने लगे।

~*~

विज्ञापन अपनी छोटी सी संरचना में बहुत कुछ समाए होते हैं। वे बहुत कम बोलकर भी बहुत कुछ कह जाते हैं।

~*~

विज्ञापन शब्द 'वि' और 'ज्ञापन' से मिलकर बना है। 'वि' का अर्थ

है 'विशिष्ट' तथा 'ज्ञापन' का सूचना। अत: विज्ञापन का अर्थ 'विशिष्ट सूचना' से है। आधुनिक समाज में विज्ञापन व्यापार को बढ़ानेवाले माध्यम के रूप में जाना जाता है।

~*~

विज्ञापन संप्रेषण का वह प्रकार है, जो कि उत्पादक या कार्य को उन्नत करने, जनमत को प्रभावित करने, राजनीतिक सहयोग प्राप्त करने, एक विशिष्ट कारण को आगे बढ़ाने अथवा विज्ञापनदाता द्वारा कुछ इच्छित प्रतिक्रियाओं को प्रकाशित करने का उद्देश्य रखता है।

~*~

विज्ञापन से केवल उपभोक्ता को ही लाभ नहीं प्राप्त होता, बल्कि उसे बेचने वाले दुकानदार अर्थात् विक्रेता को भी लाभ प्राप्त होता है। विज्ञापन विक्रेता का काम इतना आसान कर देता है कि उसे नई वस्तु के बारे में उपभोक्ताओं को बार-बार बताना नहीं पड़ता है। सच्चाई तो यह है कि विज्ञापन वस्तु के साथ-ही-साथ वह कहाँ-कहाँ उपलब्ध है, इसकी जानकारी मुहैया कराता है। अत: विज्ञापन से उपभोक्ता तथा विक्रेता दोनों को लाभ मिलता है।

~*~

विज्ञापनदाता

विज्ञापनदाता को चाहिए कि वह जिस उत्पाद को विज्ञापित करना चाहता है, उससे जुड़े तमाम तथ्यों को क्रमवार प्रस्तुत करे। वस्तुत: विज्ञापन को बनाने की आवश्यकता ही इसलिए महसूस की गई कि जिसे जरूरत न हो, वह भी उसके प्रति आकर्षित हो। तथ्यों की तर्कपूर्ण प्रस्तुति से लोग विज्ञापन के प्रति खुलापन महसूस करते हैं।

~*~

विफलता

हम विफलता के बहाने बना सकते हैं या मुश्किलों से सीख सकते हैं।

हारना सबसे बुरी विफलता नहीं है। कोशिश न करना ही सबसे बड़ी विफलता है।

~*~

विश्वास

एक सेल्सपर्सन के तौर पर आपको खुद पर और अपने उत्पाद पर पूरा विश्वास करना चाहिए। इससे आप दूसरों को भी आसानी से प्रभावित कर पाएँगे।

~*~

किसी व्यक्ति को यह विश्वास दिलाने के लिए कि जो चीज आप बेच रहे हैं, उसे उसकी वास्तव में बहुत जरूरत है। आपको अपनी बिक्री करने की इच्छा के साथ ईमानदारी, आग्रहिता, धैर्य और दृढता के गुणों का संतुलन बनाना होगा।

~*~

जब आप ग्राहकों के लिए अपनी तरफ से कुछ अधिक कोशिश करते हैं तो आप उनका विश्वास जीत लेते हैं। यह एक तरीका है, जिससे यह संभव है कि ग्राहक व्यापार जगत् में सकारात्मक तरीके से आपकी तारीफ करे।

~*~

यदि आप सफलता चाहते हैं तो इसे अपना लक्ष्य न बनाएँ। सिर्फ वह करें, जो करना आपको अच्छा लगता है और जिसमें आपको विश्वास है और खुद-ब-खुद आपको सफलता मिलेगी।

~*~

विषय

जिस भी विषय को जानें, तो पूरी तरह से जानें।

~ * ~

वेबसाइट

अपने दफ्तर, दुकान या कारोबार के स्थान पर ग्राहकों के सुझाव के लिए एक पुस्तक रखें या वेबसाइट पर ग्राहक लॉग रखें, ताकि ग्राहक अपनी शिकायतें या सुझाव दर्ज कर सकें।

~ * ~

वेबसाइट पर मिलनेवालों से जानकारी हासिल करें, ताकि उनसे आपका संपर्क बना रहे।

~ * ~

व्यक्ति

सफल व्यक्ति वही है, जो सुबह उठकर पहले यह तय करता है कि आज उसे क्या-क्या काम करने हैं और रात तक वह उन सारे कामों को कई परेशानियों के बाद भी पूरा कर लेता है।

~ * ~

व्यक्तित्व

एक सफल व्यक्ति होने के लिए सुदृढ व्यक्तित्व की आवश्यकता है।

~ * ~

व्यवसाय

अपने व्यवसाय के लिए वेबसाइट बनाएँ। दुकान में ग्राहकों से मिलने के अलावा आप एक अन्य तरीके से भी अपने उत्पाद या सेवा को ग्राहकों तक पहुँचा सकते हैं। यह तरीका है आपकी अपनी वेबसाइट।

वेबसाइट पर आप तेजी से और बेहद कम खर्चे में बड़े खुलासे के साथ नई या बदली हुई जानकारियाँ डाल सकते हैं, जो ग्राहकों के सामने होंगी।

~ * ~

अपने व्यवसाय को बाजार में, किसी सार्वजनिक कार्यक्रम या सामुदायिक समारोह में प्रचारित करें। मुफ्त में नमूने भी दें।

~ * ~

अपने व्यवसाय में किसी भी व्यक्ति से ज्यादा यकीन होना चाहिए।

~ * ~

यदि इनसान में अपने काम के प्रति जुनून है तो वह अपने अंदर की सारी कमियों से पार पा लेगा।

~ * ~

अपने व्यवसाय से जुड़ी इवेंट्स को प्रायोजित करें और नेक कार्य के लिए दान करें।

~ * ~

एक अच्छे व्यवसाय की शुरुआत कुछ अलग तरीके से करें। छोटी लोकप्रिय छुट्टियों को उत्सव की तरह मनाएँ। ग्राहक समेत मीडिया भी इसमें दिलचस्पी ले सकता है।

~ * ~

किसी दूसरे छोटे व्यवसायी से महीने में एक बार चर्चा के लिए जरूर मिलें।

~ * ~

कुछ सेल्समैन खास तरह के कपड़े या टोपी पहनते हैं। इनसे उनकी और उनके व्यवसाय की अलग पहचान स्थापित हो जाती है।

~ * ~

बहुत ही रचनात्मक तरीके से अपने व्यवसाय के बारे में स्थानीय अखबारों को बताएँ। छोटी और स्थानीय तौर पर ही शुरुआत करें। कुछ समय दें और स्थानीय रिपोर्टर्स से अच्छे संबंध बनाएँ, जो आपके व्यवसाय से जुड़ी खबरें प्रकाशित कर सकें।

~ * ~

व्यवसाय में नए विचारों को इस्तेमाल करें।

~ * ~

व्यवसाय से जुड़ी पत्रिका लें और उसका हिस्सा बनें।

~ * ~

व्यवसायी

एक अच्छा सेल्स व्यवसायी बनने के लिए सकारात्मक नजरिया विकसित करना बेहद जरूरी है।

~ * ~

व्यवस्था

ग्राहकों को आकर्षित करने के लिए उनके बैठने की उत्तम गद्देदार व्यवस्था करनी चाहिए।

~ * ~

व्यवहार

अधिकारी ऐसा व्यवहार न करे, जिससे कर्मचारी यह महसूस करे कि उसे अलग समझा जा रहा है या उससे दबावपूर्वक कार्य लिया जा

रहा है। अधिकारी को इस बात को ध्यान में रखना चाहिए कि कर्मचारी की भी अपनी इच्छाएँ होती हैं।

~*~

शक्ति

जिस तरह से ग्राहक ने अपनी जरूरत को पेश किया है, ठीक उसी तरह अगर आप अपने उत्पाद को उनकी जरूरतों को पूरा करनेवाले साधन की तरह पेश कर सकें तो एक सेल्समैन के रूप में यही आपकी सबसे बड़ी शक्ति और खासियत है।

~*~

शब्द

अच्छे सेल्समैन हमेशा सकारात्मक शब्दों का उपयोग करते हैं।

बोलने से पहले आपको दो बार सोचना चाहिए, क्योंकि आपके शब्द किसी के मन में सफलता या असफलता के बीज बो सकते हैं।

~*~

शुरुआत

कार्य में बदलाव लाने के लिए पारंपरिक तरीके की बजाय कुछ नया कीजिए। कुछ ऐसा कीजिए, जो आपने पहले कभी न किया हो। हो सकता है कि आप किसी नई परंपरा की शुरुआत कर रहे हों, जो कि पुराने नियमों को झुठला दे।

~*~

संकल्प

हमेशा याद रखिए कि सफलता के लिए किया गया आपका अपना संकल्प किसी भी और संकल्प से ज्यादा महत्त्व रखता है।

~*~

संख्या

बड़ी संख्या में मेल या पैंफ्लेट भेजने से पहले थोड़े ग्राहकों को मेल या पैंफ्लेट भेजकर प्रभाव जाँच लें।

संगठन

एक बाजार-केंद्रित या उपभोक्ता-केंद्रित संगठन पहले यह तय करता है कि उसका संभावित ग्राहक चाहता क्या है और तब उत्पाद या सेवा की रचना की जाती है।

संघर्ष

कर्मचारियों को ऐसे आदेश न दें, जो अस्पष्ट हों या जो मानसिक तनाव पैदा करनेवाले हों। यदि नेता ऐसा करता है तो उसके तथा कर्मचारियों के बीच द्वंद्वात्मक स्थिति पैदा हो जाती है और संघर्ष की स्थिति आरंभ हो जाती है।

संतुष्ट

जब आप किसी चीज से संतुष्ट नहीं होते, तब आप उसे सीखने की ओर बढ़ते हैं।

संपर्क

अधिकारियों को कर्मचारियों के संपर्क में रहना चाहिए। उन्हें उद्योग में एक इकाई के रूप में मानना चाहिए। इससे आपसी मतभेद, घृणा, द्वेष आदि को कम किया जा सकता है।

संपर्क

इ-मेल, वेबसाइट, फोन नंबर, फैक्स नंबर इत्यादि के जरिए ग्राहकों के संपर्क में बने रहें।

~ * ~

संबंध

किसी अच्छे सेल्समैन या व्यक्ति में अच्छा सेंस ऑफ ह्यूमर भी होना चाहिए और ग्राहक को परिवार के सदस्य की तरह देखने की क्षमता भी। अगर आप अच्छे व्यापारिक संबंध बनाना सीख लेते हैं तो इससे आपकी बिक्री भी बढ़ेगी।

~ * ~

संभावना

यदि हार की कोई संभावना न हो तो जीत का कोई अर्थ नहीं है।

~ * ~

संस्था

किसी व्यावसायिक संस्था में शामिल हों, ताकि व्यावसायिक समूह के लोगों से जुड़ सकें।

~ * ~

सफल

एक सफल नेता के लिए आवश्यक है कि वह न ही जल्दी में आदेश दे और न ही जल्दी में अकारण अपने सुझावों पर ध्यान करे।

~ * ~

खुद को अच्छे से जाननेवाले लोग ही सफल होते हैं।

~ * ~

जो नाकामियों के दौर में हिम्मत नहीं हारता है, वही सफल होता है।

सफल सेल्समैन की कोशिश रहती है कि उन पर ग्राहक का विश्वास बना रहे और उन्हें अधिकतम फायदा हो।

~ * ~

सफल सेल्समैन को आसानी से बेचे जा सकनेवाले रूप को तय करने के लिए अवधारणा या उत्पाद की विभिन्न तरीकों से पैकेजिंग का परीक्षण करना चाहिए।

~ * ~

सफल सेल्समैन को कॅरियर के मामले में भी पेशेवर सेल्समैन की तरह काम करना होगा, तभी सफलता मिलेगी।

~ * ~

सफल सेल्समैन को पर्सनैलिटी, नॉलेज, कॉन्फिडेंस, बिहेवियर, कम्युनिकेशन स्किल, आइडिया जैसे टूल्स से हर वक्त लैस रहना चाहिए, ताकि उनकी वास्तविक प्रतिभा सबके सामने आ सके।

~ * ~

सफल सेल्समैन को बाजार में उत्पाद की आवश्यकता एवं मात्रा की पहचान मालूम करनी चाहिए।

~ * ~

सफल सेल्समैन को बिक्री प्रक्रिया के विकास के साथ-साथ इसके दस्तावेज बनाने चाहिए।

~ * ~

सफल सेल्समैन को यह सुनिश्चित करना चाहिए कि बिक्री के अनुमान के अनुसार वास्तविक उत्पादन क्षमता दरशाएँ।

~ * ~

सफल सेल्समैन को लक्षित बाजारों की पहचान एवं परिमाण मालूम होना चाहिए।

सफल सेल्समैन को लक्षित बाजारों तक पहुँचने हेतु इष्टतम लागतवाले प्रभावी मीडिया—ऑनलाइन और ऑफलाइन—की पहचान होनी चाहिए।

सफल सेल्समैन ग्राहक की जरूरत और समस्या को ध्यान से सुनते हैं और सोच-समझकर उसका हल निकालते हैं।

सफल सेल्समैन ज्यादा-से-ज्यादा नए ग्राहक बनाने और जो बन चुके हैं, उन्हें अपना बनाने की जुगत में लगे रहते हैं।

सफल होने की काबिलीयत सभी में होती है; लेकिन ज्यादातर लोग सफल नहीं हो पाते, क्योंकि उन्हें न तो अपनी ताकत का पता होता है और न ही वे अपनी कमजोरी जानते हैं।

सफलता

अधिकतर महान् लोगों ने अपनी सबसे बड़ी सफलता अपनी सबसे बड़ी विफलता के एक कदम आगे हासिल की है।

अपनी असफलताओं को खुद पर हावी न होने दें, बल्कि असफलताओं को ही अपनी सफलता की सीढ़ी के रूप में इस्तेमाल करें।

उत्साह, आत्मनिर्भरता और आत्मनिरीक्षण के बिना सफलता नहीं पाई जा सकती है।

~*~

सफलता उनको ही मिलती है, जो कुछ करते हैं। खयाली पुलाव पकानेवाले खयाली पुलाव ही पकाते रह जाते हैं।

~*~

कई बार सफलता उन रास्तों से हमारे पास आती है, जिनके बारे में हमने सोचा भी नहीं होता है। शर्त केवल एक होती है कि आप लगातार कोशिश करते रहें।

~*~

खतरे उठाए बिना सफलता नहीं पाई जा सकती है।

~*~

न तो सफल लोगों की कहानी पढ़ने से सफलता मिलती है, न सफलता के सूत्र पढ़ने से। सफलता तो सफलता के सूत्रों को जीवन में उतारने से मिलती है।

~*~

योजनाबद्ध होकर ही किसी बड़े काम में सफलता पाई जा सकती है।

लगातार, बिना रुके प्रयास करना और अपनी कमियों को पहचानकर उन्हें दूर करना सफलता के लिए बहुत जरूरी होता है।

~*~

सफलता इंतजार करने से नहीं मिलती है, बल्कि प्रयास करने से मिलती है।

~*~

सबक

पिछली गलतियों से सबक लें और उन्हें दोबारा न दोहराएँ।

~*~

समय

पहले लोग किसी विशेष दिन समय निकालकर बाजार जाते थे, अब बाजार स्वयं उनके पास आ गया है। यह सब विज्ञापन के कारण ही संभव हो पाया है।

~*~

पुराने बीत चुके समय को भुलाकर, बेकार के खयालों को छोड़कर, हम आज चल रहे समय को अच्छा कर सकते हैं।

~*~

समर्पण

सफलता के लिए पूर्ण एकाग्रता और समर्पण आवश्यक है।

~*~

समस्या

समस्या की जड़ जानने की कोशिश करें। यह जरूरी नहीं कि समस्या की जड़ वही हो, जो ग्राहक बता रहा हो। कई बार आपको समस्या की जड़ जानने के लिए गहन छानबीन करनी पड़ेगी।

~*~

समस्या के संभावित उत्तरों का पता लगाइए। लोगों की राय जानिए। इसमें ग्राहक, कर्मचारियों, विक्रेता तथा अन्य लोगों को शामिल कीजिए।

~*~

समस्या को जानने में ग्राहक के साथ काम करें। कई बार यह

कठिन हो सकता है। अगर आप सही ढंग से समस्या को नहीं समझते तो समस्या का समाधान जानना बिल्कुल असंभव होगा। कई बार आप ग्राहक के मुकाबले समस्या को सरल तरीके से जानते हैं।

समस्या का सबसे सही उत्तर चुनिए। इसमें आप जितने ज्यादा लोगों को शामिल करेंगे, उतने ही बेहतर परिणाम आपको मिलेंगे।

समाज

देश व राज्य की खबरों पर नजर रखें। जब समाज में किसी तरह की कोई आपदा या मुसीबत आई हो तो अपने उत्पाद और सेवा चैरिटी में लगाएँ।

समाधान

यदि आप सफल होना चाहते हैं तो अपना ध्यान समस्या खोजने में नहीं, समाधान खोजने में लगाइए।

समस्या खड़ी होने से पहले समाधान करें। आप क्या पसंद करेंगे—समस्या आने पर ग्राहक को बेहतर-से-बेहतर सेवा देना या समस्या आने ही न देना? इसका सही उत्तर है, समस्या आने ही न देना। ग्राहक इसी को ज्यादा पसंद करेगा। यही बेहतर ग्राहक सेवा भी है। गुणवत्ता प्रक्रिया यही सिखाती है। गुणवत्ता पाने के लिए आपको समस्या आने से रोकना होगा।

समारोह

अपने शहर के सांस्कृतिक समारोह में शामिल हों।

~*~

समूह

बिजनेस समूह के सदस्यों के साथ तालमेल बनाए रखें। सदस्यों को छूट भी दें।

~*~

समूह में रहकर काम करें। कुछ लोग मिलकर ज्यादा अच्छा परिणाम ला सकते हैं, बजाय अलग-अलग काम करके। समूह में रहकर काम करने से प्रतिभा, अनुभव, नवोत्पाद, सृजनात्मकता, रचनात्मकता तथा समग्रता का एहसास होता है। समूह में रहकर काम करना ग्राहक से संबंधों को मजबूती देता है।

~*~

सम्मान

कई बार ऐसा होता है कि आपके काम का आपको सम्मान न मिले, ऐसा होने पर आप भी सोचेंगे कि आप भी कभी-कभी दूसरों के किए हुए काम की शाबाशी लें; लेकिन अगर कभी ग्राहक को इसका पता चलता है कि आपने ऐसा किया है तो ग्राहक का आप पर से विश्वास समाप्त हो सकता है।

~*~

सर्जरी

या तो हम विफलता के बहाने बना सकते हैं या मुश्किलों से सीख सकते हैं। मुश्किलें सर्जरी की तरह होती हैं, जिनके चलते दर्द तो होता है, लेकिन वही सर्जरी बड़े दुःख को दूर करने के लिए जरूरी होती है।

~*~

सर्विस

अब उपभोक्ता को केवल उत्पाद बेचने और उसे अच्छी सर्विस देने भर तक जिम्मेदारी नहीं रही है, बल्कि अब उपभोक्ता से लंबे समय तक रिश्ते जोड़ने तथा उनसे सुझाव माँगने के अलावा उन्हें इस बात का एहसास कराया जाता है कि अमुक उत्पाद खरीदकर आपने न केवल बेहतरीन कार्य किया है, बल्कि यह स्मार्ट निर्णय कर आपने लंबे समय तक कंपनी से रिश्ता जोड़ा है।

~ * ~

सर्वोत्तम

सफलता का एक आसान फॉर्मूला है—आप अपना सर्वोत्तम दीजिए और हो सकता है, लोग उसे पसंद कर लें।

~ * ~

सलाम

वही लोग आसमान की बुलंदियों को छूते हैं, जो मुश्किलों से कभी हारते नहीं। इसी वजह से वे सीखते हैं, दुनिया में आगे बढ़ते हैं और दुनिया उनको सलाम करती है।

~ * ~

सलाहकार

किसी बिक्री के लिए स्वयं को सलाहकार की तरह समझें। सलाह दें; जितना हो सके, मदद करें और जीवन में आगे बढ़ जाएँ, चाहे सौदा पक्का हो या नहीं।

~ * ~

सशक्त इच्छा-शक्ति

एक बार दो सेल्समैन जूते बेचने एक कबीले में गए। उन्होंने वहाँ

लोगों को बिना जूते के घूमते देखा। एक ने कहा, 'यहाँ तो लोग जूते पहनते ही नहीं। यहाँ जूते की मार्केट की कोई संभावना नहीं है, इसलिए मैं वापस जा रहा हूँ।' जबकि दूसरे ने कहा, 'यहाँ किसी के पास जूते नहीं, इसलिए हमारे बनाए जूते हर किसी के काम आ सकते हैं, इसलिए जूता मार्केट की यहाँ जबरदस्त संभावना है।' यहाँ नजरिए का ही अंतर है। स्पष्ट लक्ष्य के साथ तीव्र इच्छा और मानसिक रूप से सशक्त होना भी आवश्यक है।

सहयोग

चाहे लोग एक उत्पाद की सहयोग सेवा से जुड़े हों या फिर पूर्ण सेवा में शामिल हों, लोग विशेष रूप से महत्त्वपूर्ण हैं; क्योंकि ग्राहक के नजरिए में उन्हें पूरी सेवा से अलग करके नहीं देखा जाता। इसलिए उन्हें समुचित तौर पर प्रशिक्षित, ठीक तरह से प्रोत्साहित और सही किस्म का इनसान होना चाहिए।

सहायता

आप हर किसी की सहायता नहीं कर सकते हैं; लेकिन जो आपके सामने है, आप उसकी सहायता जरूर कर सकते हैं।

हमेशा याद रखें कि आप यहाँ अपने ग्राहक की सेवा और उसकी सहायता करने के लिए हैं।

साथी

अपने साथी कर्मचारियों से अच्छा व्यवहार रखें। नौकरी छोड़ते कर्मचारियों पर ग्राहकों का ध्यान जाता है।

सामाजिक

सामाजिक कार्यों से जुड़े किसी नेटवर्किंग इवेंट में जाने में अगर आपको संकोच हो तो अपने साथियों को वहाँ भेजें।

~*~

सीख

असफलता सफलता है, यदि हम उससे सीख लें तो।

~*~

सुझाव

गलती से कभी कोई त्रुटिपूर्ण सुझाव या आदेश दिए जाने पर उसे स्वीकार करना अधिक लाभदायक रहता है। उस मुद्दे पर बहस नहीं करनी चाहिए तथा न ही कर्मचारियों पर दोष लगाना चाहिए।

~*~

सूचना

विस्तृत सूचना प्रत्येक व्यापार के लिए आवश्यक है। विस्तृत सूचना पर अनगिनत बार ध्यान न देना ग्राहक को परेशानी में डाल सकता है। ग्राहक आपसे क्या चाहता है, इस पर आप विस्तृत रूप से ध्यान देते हैं तो ग्राहक को कोई परेशानी या चिंता नहीं होगी। इस प्रकार ग्राहक अपना वक्त किसी और महत्त्वपूर्ण सूचना में लगा सकते हैं।

~*~

सूत्र

हर दिन कुछ नया सीखिए, सफल जीवन का यही सूत्र है।

~*~

सेल्स

सेल्स के क्षेत्र में कोई सीमा या बंधन नहीं है, बल्कि आप अपना

बेहतरीन प्रदर्शन करते जाएँ और आगे बढ़ते जाएँ। वेतन और साथ में टारगेट पूर्ण करने के बाद मिलनेवाला इंसेंटिव यहाँ काफी अच्छा होता है।

~ ❋ ~

सेल्स के क्षेत्र में सर्वमान्य सत्य यही है कि कंपनी कोई भी हो, उसे अपने उत्पाद बेचने से मतलब होता है। कंपनियाँ इसे बेचने के लिए नित नई योजनाएँ लाती रहती हैं। आपको न केवल अपनी प्रतिभा और संपर्क के बल पर कंपनी के उत्पाद बेचने होते हैं, बल्कि लक्ष्य भी पूर्ण करना होता है। अगर आप में लोगों से अपनी बात मनवाने की क्षमता है, तब निश्चित रूप से सफलता मिलेगी ही।

~ ❋ ~

सेल्स प्रबंधन एक गतिशील तथा सतत चलनेवाली प्रक्रिया है, जो समूह के लक्ष्यों को हासिल करने के लिए संगठित काररवाई किए जाने तक प्रचालित रहती है।

~ ❋ ~

सेल्स के उपरांत सेवाएँ देना भी अच्छे मार्केटिंग पेशेवरों की निशानी है।

~ ❋ ~

सेल्सपर्सन

सेल्सपर्सन के रूप में आपको ग्राहक को लिखित में प्रपोजल देना चाहिए। मौखिक बातों पर कोई विश्वास नहीं करता। लोगों को लिखी हुई बातों पर ज्यादा भरोसा होता है।

~ ❋ ~

सेल्सपर्सन के रूप में आपको स्पष्ट संवाद करना चाहिए। अगर

आप अपनी बात को सही तरह से नहीं रख पाएँगे तो लोग आप पर विश्वास नहीं कर पाएँगे।

~*~

सेल्सपर्सन के रूप में आपको हमेशा मुसकराते रहना चाहिए और आई कॉण्टेक्ट बनाए रखना चाहिए। आपको हलका-फुलका मजाक भी करना चाहिए।

~*~

सेल्सपर्सन के रूप में बातचीत के दौरान पॉजिटिव रहना चाहिए। हो सकता है कि ग्राहक खराब प्रतिक्रिया दे, पर हड़बड़ाहट नहीं दिखानी चाहिए। आपके पास हमेशा एक पेन होना चाहिए।

~*~

सेल्सपर्सन के रूप में सबसे पहले आपको ग्राहक की शंका को सही तरह से समझना चाहिए। उसे खुलकर बताने दें कि आखिर वह उत्पाद में क्या कमी देख रहा है। पूरी बात सुनने के बाद आपको अपने तर्क देने चाहिए कि उत्पाद बेहतरीन क्यों है।

~*~

सेल्सपर्सन के रूप में आपको ग्राहक की बात को पूरी तरह से सुनना चाहिए। उसकी बात को काटकर अपनी बात कहने लगेंगे तो इसका गलत असर होगा। आपको सबसे बेहतर संबंध बनाने चाहिए।

~*~

सेवा

अपनी कंपनी के उत्पाद और सेवाओं की वाहवाही करते वक्त यह न भूलें कि लोग इन बातों पर क्यों ध्यान देंगे।

~*~

जब ग्राहक किसी उत्पाद या सेवा को जरूरत होने पर इस्तेमाल करता है या उसे कोई कथित लाभ हासिल होता है तो मार्केटिंग सिद्धांत और व्यवहार न्यायोचित माना जाता है।

~*~

सेवा-प्रदाताओं को ग्राहकों के सुझावों के अनुसार अपनी सेवा को बेहतर बनाना चाहिए।

~*~

सेवा या वस्तु में कोई कमी नहीं होनी चाहिए। आपको जैसे ही कोई कमी या रुकावट पता चलती है तो आपको तुरंत ध्यान देना चाहिए। इस तरह आप नई परेशानियों का तुरंत समाधान कर सकेंगे। आपके ग्राहक आशा करते हैं कि जैसे ही उनको सेवा या वस्तु आपसे मिलती है, उससे संबंधित सारी कमियाँ दूर हो जाएँ।

~*~

हो सकता है कि बाजार की सेवा के लिए आपके पास कोई नया व्यापार विचार या व्यवसाय-प्रक्रिया न हो और शायद वहाँ कोई बाजार अक्षमताएँ भी न हों, जिनका आप फायदा उठा सकें; लेकिन कभी-कभी ग्राहकों की कुछ नया अनुभव करने की इच्छा को पहचानना एक सफल रणनीति हो सकती है। क्या आप मौजूदा व्यापार मॉडल में ग्राहकों के अनुभव पर कुछ नया कर सकते हैं?

~*~

स्टेटमेंट

एक स्टेटमेंट बनाएँ, जो आपकी कंपनी के उत्पाद या सर्विस के मूल्यों की जानकारी देता हो। इसे अपने ग्राहकों को भेजें।

~*~

स्वाद

बिना असफलता के सफलता का कोई स्वाद नहीं है। उसकी कोई समझ नहीं है।

~*~

हथौड़ा

लोहा गरम भले ही हो जाए, पर हथौड़ा तो ठंडा रहकर ही काम कर सकता है।

~*~

हासिल

किसी काम को लगातार करने से ही उस काम में दक्षता पाई जा सकती है, और किसी काम में दक्ष हुए बिना जिंदगी में कुछ बड़ा हासिल नहीं किया जा सकता है।

~*~

हुनर

छोटी-छोटी असफलताओं को भूलते जाना ज्यादा मुश्किल नहीं है। इस तरह आप अपने हुनर को और बढ़ा सकते हैं।

□

कुछ प्रेरक विचार

लोग तार्किक कारणों से नहीं खरीदते। वे भावनात्मक कारणों से खरीदते हैं।

~*~

यदि आप अपने ग्राहकों का ध्यान नहीं रखते तो आपके प्रतिद्वंद्वी रख लेंगे।

~*~

अगर आप हार से सीख लें तो कभी नुकसान न उठाएँ।

~*~

हर बिक्री की पाँच बुनियादी बाधाएँ हैं—जरूरत नहीं है, पैसे नहीं हैं, कोई जल्दी नहीं है, इच्छा नहीं है, भरोसा नहीं है।

~*~

अगर अवसर दस्तक न दे तो एक दरवाजे का निर्माण कर लें।

~*~

व्यापार एक साइकिल की सवारी की तरह है, या तो आप आगे बढ़ जाते हैं या नीचे गिर पड़ते हैं।

~*~

एकमात्र प्रतिभा, जो किसी योग्य है, वह है कठोर परिश्रम करने की प्रतिभा।

~ * ~

एक सपना जादू से हकीकत नहीं बन सकता। इसमें पसीना, दृढसंकल्प और कड़ी मेहनत लगती है।

~ * ~

एक औंस कार्य एक टन बात के बराबर है।

~ * ~

यदि हम अपने काम में लगे रहें तो हम जो चाहें, वह कर सकते हैं।

~ * ~

यदि आप दृढसंकल्प और पूर्णता के साथ काम करेंगे तो सफलता जरूर मिलेगी।

~ * ~

यदि आप सच कहते हैं तो आपको कुछ याद रखने की जरूरत नहीं रहती।

~ * ~

योजनाएँ केवल अच्छे इरादे हैं, जब तक कि उन्हें तुरंत कड़ी मेहनत में न बदला जाए।

~ * ~

खुद वह बदलाव बनिए, जो दुनिया में आप देखना चाहते हैं।

~ * ~

त्रासदी यह है कि बहुतों में महत्त्वाकांक्षा है, पर कुछ में ही काबिलीयत है।

~ * ~

इस दुनिया में असंभव कुछ भी नहीं। हम वह सब कर सकते हैं, जो हम सोच सकते हैं और हम वह सब सोच सकते हैं, जो आज तक हमने नहीं सोचा।

~ * ~

बीच रास्ते से लौटने का कोई फायदा नहीं, क्योंकि लौटने पर आपको उतनी ही दूरी तय करनी पड़ेगी, जितनी दूरी तय करने पर आप लक्ष्य तक पहुँच सकते हैं।

~ * ~

बदलाव बहुत कठिन काम है।

~ * ~

ब्रह्मांड की सारी शक्तियाँ पहले से हमारी हैं। वह हम ही हैं, जो अपनी आँखों पर हाथ रख लेते हैं और फिर रोते हैं कि कितना अंधकार है।

~ * ~

कठिन परिश्रम झुर्रियों को मन और आत्मा से बाहर रखता है।

~ * ~

कार्य ही सफलता की बुनियाद है।

~ * ~

कोई काम शुरू करने से पहले स्वयं से तीन प्रश्न कीजिए—मैं यह क्यों कर रहा हूँ, इसके परिणाम क्या हो सकते हैं और क्या मैं सफल

होऊँगा ? और जब गहराई से सोचने पर इन प्रश्नों के संतोषजनक उत्तर मिल जाएँ, तभी आगे बढ़ें।

~*~

कोई व्यक्ति अपने कार्यों से महान् होता है, अपने जन्म से नहीं।

~*~

कोई लक्ष्य न होने की दिक्कत यह है कि आप अपनी जिंदगी मैदान में इधर-उधर दौड़ते हुए बिता देंगे, पर एक भी गोल नहीं कर पाएँगे।

~*~

कड़ी मेहनत के बिना जीवन हम मनुष्यों को कुछ भी नहीं देता।

~*~

महानता कभी न गिरने में नहीं, बल्कि हर बार गिरकर उठ जाने में है।

~*~

महत्त्वाकांक्षा को इतना आगे मत जाने दीजिए कि वह मौजूदा काम को भूल जाए।

~*~

महत्त्वाकांक्षा वह नहीं है, जो इनसान करना चाहता है; बल्कि वह है, जो इनसान करता है; क्योंकि बिना कर्म के महत्त्वाकांक्षा बस, एक कल्पना है।

~*~

महत्त्वाकांक्षा वह नहीं है, जो आदमी करता है; बल्कि वह है, जो आदमी करेगा।

~*~

मुसीबतों से भागना नई मुसीबतों को निमंत्रण देने के समान है। जीवन में समय-समय पर चुनौतियों एवं मुसीबतों का सामना करना पड़ता है और यही जीवन का सत्य है। एक शांत समुद्र में नाविक कभी भी कुशल नहीं बन पाता।

~ * ~

मैंने कड़ी मेहनत की कीमत कड़ी मेहनत करके जानी।

~ * ~

बिक्री विक्रेता के दृष्टिकोण पर निर्भर करती है, न कि खरीदनेवाले के दृष्टिकोण पर।

~ * ~

किसी डिग्री का न होना दरअसल फायदेमंद है। अगर आप इंजीनियर या डॉक्टर हैं, तब आप एक ही काम कर सकते हैं; पर यदि आपके पास कोई डिग्री नहीं है तो आप कुछ भी कर सकते हैं।

~ * ~

सिर्फ खड़े होकर पानी देखने से आप नदी पार नहीं कर सकते।

~ * ~

विश्वास में वह शक्ति है, जिससे उजड़ी हुई दुनिया में भी प्रकाश लाया जा सकता है। विश्वास पत्थर को भगवान् बना सकता है और अविश्वास भगवान् के बनाए इनसान को पत्थर दिल बना सकता है।

~ * ~

जिसे जीत लिये जाने का भय होता है, उसकी हार निश्चित होती है।

~ * ~

जितना कठिन संघर्ष होगा, जीत उतनी ही शानदार होगी।

~*~

हम चाहें तो अपने आत्मविश्वास और मेहनत के बल पर अपना भाग्य खुद लिख सकते हैं और अगर हमको अपना भाग्य लिखना नहीं आता तो परिस्थितियाँ हमारा भाग्य लिख देंगी।

~*~

हर चीज का सृजन दो बार होता है—पहली बार दिमाग में, दूसरी बार वास्तविकता में।

~*~

भीड़ हमेशा उस रास्ते पर चलती है, जो रास्ता आसान लगता है; लेकिन इसका मतलब यह नहीं कि भीड़ हमेशा सही रास्ते पर चलती है। अपने रास्ते खुद चुनिए, क्योंकि आपको आपसे बेहतर और कोई नहीं जानता।

~*~

सकारात्मक रहना और आभारी रवैया रखना तय करेगा कि आप जिंदगी कैसे जीने जा रहे हैं।

~*~

सही मानसिक दृष्टिकोण से काम कर रहे व्यक्ति को लक्ष्य प्राप्त करने से कोई रोक नहीं सकता; गलत मानसिक दृष्टिकोण से काम कर रहे व्यक्ति की इस दुनिया में कोई मदद नहीं कर सकता।

~*~

सफलता कभी अंतिम नहीं। विफलता कभी घातक नहीं होती। यह साहस है, जो मायने रखता है।

~*~

सफलता के लिए नजरिया उतना ही जरूरी है, जितनी कि काबिलीयत।

~*~

सफलता हमारा परिचय दुनिया को करवाती है और असफलता हमें दुनिया का परिचय करवाती है।

~*~

उत्कृष्टता एक कौशल नहीं है। यह एक दृष्टिकोण है।

~*~

छोटी चीजों में वफादार रहिए, क्योंकि इन्हीं में आपकी शक्ति निहित है।

~*~

दूर से हमें आगे के सभी रास्ते बंद नजर आते हैं, क्योंकि सफलता के रास्ते हमारे लिए तभी खुलते हैं, जब हम उसके बिल्कुल करीब पहुँच जाते हैं।

~*~

वे लोग, जिनके स्पष्ट व लिखित लक्ष्य होते हैं, वे कम समय में दूसरे लोगों जितना सोच भी नहीं सकते, उनसे कहीं ज्यादा सफलता प्राप्त करते हैं।

~*~

फायदा कमाने के लिए न्योते की जरूरत नहीं होती ।

~*~

जब तक काम हो न जाए, वह असंभव लगता है।

~*~

जब तक आप अपनी समस्याओं एवं कठिनाइयों की वजह दूसरों को मानते हैं, तब तक आप अपनी समस्याओं एवं कठिनाइयों को मिटा नहीं सकते।

⁕

जीवन की लंबाई नहीं, गहराई मायने रखती है।

⁕

जीवन में कठिनाइयाँ हमें बरबाद करने नहीं आती हैं, बल्कि ये हमारे छुपे हुए सामर्थ्य और शक्तियों को बाहर निकालने में हमारी मदद करती हैं। कठिनाइयों को यह जान लेने दो कि आप उससे भी ज्यादा कठिन हो।

⁕

नकारात्मक दृष्टिकोण ही जीवन की एकमात्र विकलांगता है।

⁕

नैतिकता महज एक रवैया है, जो हम ऐसे लोगों के प्रति अपनाते हैं, जिन्हें हम व्यक्तिगत रूप से नापसंद करते हैं।

⁕

नजरिया एक छोटी सी चीज है, जो बड़ा अंतर डालती है।

⁕

अब तक की सबसे बड़ी खोज यह है कि व्यक्ति महज अपना दृष्टिकोण बदलकर अपना भविष्य बदल सकता है।

⁕

अपनी क्षमताओं को जानकर और उनमें यकीन करके ही हम एक बेहतर विश्व का निर्माण कर सकते हैं।

⁕

अपने सपनों को जिंदा रखिए। अगर आपके सपनों की चिनगारी बुझ गई है तो इसका मतलब यह है कि आपने जीते-जी आत्महत्या कर ली है।

~ * ~

आप यह नहीं कह सकते कि आपके पास समय नहीं है; क्योंकि आपको भी दिन में उतना ही समय (24 घंटे) मिलता है, जितना समय महान् एवं सफल लोगों को मिलता है।

~ * ~

आप कभी भी इतने बूढ़े नहीं हो सकते कि एक नया लक्ष्य न निर्धारित कर सकें या एक नया सपना न देख सकें।

~ * ~

आप अपनी साख इस बात से नहीं बना सकते कि आप क्या करने जा रहे हैं।

~ * ~

आपका रवैया, न कि आपकी योग्यता, आपकी ऊँचाई का निर्धारण करेगा।

~ * ~

अगर किसी चीज को दिल से चाहो तो पूरी कायनात उसे तुमसे मिलने में लग जाती है।

~ * ~

अगर हम समाधान का हिस्सा नहीं हैं तो हम ही समस्या हैं।

~ * ~

अगर आप समय पर अपनी गलतियों को स्वीकार नहीं करते हैं तो

आप एक और गलती कर बैठते हैं। आप अपनी गलतियों से तभी सीख सकते हैं, जब आप अपनी गलतियों को स्वीकार करते हैं।

~ ❋ ~

अगर आप सोचते हैं कि आप कर सकते हैं, तो आप कर सकते हैं। अगर आप सोचते हैं कि आप नहीं कर सकते, तो आप नहीं कर सकते हैं।

~ ❋ ~

अगर आप उन बातों एवं परिस्थितियों की वजह से चिंतित हो जाते हैं, जो आपके नियंत्रण में नहीं हैं, तो इसका परिणाम समय की बरबादी एवं भविष्य का पछतावा है।

~ ❋ ~

लोगों में थोड़ा सा ही अंतर होता है, लेकिन वह छोटा सा अंतर बड़े अंतर डालता है। वह थोड़ा अंतर दृष्टिकोण का होता है। बड़ा अंतर है कि वह सकारात्मक है या नकारात्मक।

□

सेल्स रणनीतियाँ और मोल-भाव

अपना माल बेचना एक कला है। आज सेल्स की बहुत सी शैलियाँ और तकनीकें प्रचलित हैं। ऐसे में आप यह कैसे पता लगाएँगे कि कौन सी कारगर हैं और कौन सी नहीं? यह सचमुच माथा-पच्चीवाली बात है कि कौन सी आपके लिए कारगर है और कौन सी आपके प्रोडक्ट के लिए। लक्षित बाजार और कस्टमर के नजरिए पर गौर करें कि वे आपके प्रोडक्ट के बारे में क्या सोचते हैं। क्या कस्टमर को आपके प्रोडक्ट की जरूरत है और वे बाजार में मौजूदा विभिन्न ब्रांडों में से उनकी खरीदारी करते हैं या उन्हें यह जानकारी दी ही नहीं है कि फलाँ प्रोडक्ट उनके लिए कितना मददगार होगा और क्या उन्हें आपके प्रोडक्ट की जानकारी है?

आपके प्रोडक्ट या सर्विस के लिए कौन सी तकनीकें कारगर होंगी, इसका निश्चय करने से पहले उपर्युक्त बातों पर विस्तार से विचार करें। यह आसानी से समझा जा सकता है कि जो तकनीक ऑफिस सप्लायर पर लागू होंगी, मैनेजमेंट कंसल्टिंग सर्विस पर लागू नहीं होंगी; हालाँकि उनका टारगेट एक जैसा मार्केट होता है, लेकिन आपकी संभावनाओं की जानकारी और समझ सर्वथा भिन्न होगी।

लाभदायक सुझाव

अपने कस्टमर या क्लाइंट की भावनाओं को नजरअंदाज न करें।

चाहे हम मानें या न मानें, हमारे हर कार्य के साथ भावनाएँ जुड़ी होती हैं। आपका कस्टमर बात-बात में अपने किसी प्रोजेक्ट से जुड़ी अपनी समस्या आपको बता सकता है, यहाँ तक कि आप उस तरह के प्रोजेक्ट से जुड़े भी नहीं होते हैं। ऐसे में उनकी बात ध्यान से सुनें और देखें कि आप किस प्रकार उसकी सहायता कर सकते हैं। इस प्रकार, आप उन्हीं जैसे अपने अन्य क्लाइंट की मदद कर सकते हैं। इस प्रकार, भविष्य के लिए आप बड़ा लाभांश निश्चित कर लेते हैं।

- ❖ आप अपने कस्टमर को अपना महँगा-से-महँगा गैजेट बेचने को लालायित करते हैं, जबकि वह मध्यम दर का खरीदना चाहता है। उन्हें उनकी जरूरत से ऊँचा माल बेचकर भविष्य में आप उनसे संबंधों को खो देते हैं। जैसे ही उन्हें यह सुनिश्चित हो जाता है कि जो सामान आपने उन्हें बेचा है, वह उनके मतलब का नहीं है, वे कड़वाहट से भर जाते हैं और सदा के लिए आपसे किनारा कर लेते हैं। वे आपको केवल एक 'सेल्समैन' समझते हैं, 'संसाधन' नहीं।
- ❖ ऐसी भाषा का प्रयोग करें, जो आपके कस्टमर पर केंद्रित हो। अच्छी भाषा के प्रयोग से भी आप सहज ही अपने कस्टमर का भरोसा जीत सकते हैं। 'आप', 'आपका' या 'आप देखेंगे…' जैसे जुमलों की बजाय 'मैं समझता हूँ' या 'मैं बताना चाहता हूँ' जैसे वाक्यांश जल्दी नजदीकियाँ बढ़ाने में मददगार होते हैं और कस्टमर फौरन आपकी ओर एकाग्र हो जाता है।
- ❖ अगर आप वाकई कस्टमर की मदद करना चाहते हैं तो नीचे से शुरुआत करें। यदि आपको लगता है कि कस्टमर की जरूरतों को पूरा करने में एक श्रेणी नीचे का किफायती प्रोडक्ट सचमुच लाभदायक हो सकता है तो कस्टमर को बताएँ। इससे आपका सौदा कम समय में पट सकता है और

कस्टमर भी आपसे खुश होगा।

- अपने कस्टमर की प्राथमिकताओं को समझकर आप बेहतर प्रोडक्ट चुनने में उनकी मदद कर सकते हैं। इससे समय की बचत के साथ-साथ बेहतर रिश्ते बनते हैं।

आप सेल्स प्रेजेंटेशन में माहिर हो सकते हैं, लेकिन कस्टमर उस पर तवज्जो नहीं देता तो आप मौका चूक जाते हैं। इसके लिए कस्टमर से तालमेल बैठाने के लिए थोड़ा समय खर्च करें।

कस्टमर से सवाल पूछें, उनकी पसंद और जरूरत के बारे में जानें। कई बार उन्हें अपनी जरूरत का पता नहीं होता। ऐसे में आप उनका मार्गदर्शन कर सकते हैं; लेकिन आखिर में अगर उन्हें आपकी बात पर भरोसा नहीं होता तो आप मौका खो देते हैं।

- अगर आपको सेल्स की तालाबंदी न आती हो तो कस्टमर के सामने न जाएँ।

अगर आपको पता ही न हो कि आप कहाँ जा रहे हैं तो आप वहाँ पहुँचेंगे ही कैसे? ज्यादातर प्रेजेंटेशन के बाद हो सकता है, कस्टमर खरीद से हाथ खड़े कर दे। ऐसे में अपनी रणनीतियों और तकनीकों को पुख्ता करें। एक जैसी शैली या तकनीक के प्रयोग से बचकर कस्टमर के व्यक्तित्व के अनुसार भिन्न-भिन्न रणनीतियों का प्रयोग करें।

ज्यादातर सेल्स पर्सन कस्टमर को समझने के अलावा सब करते हैं। अगर आप बेचने में लगे रह जाएँगे तो दस में से तीन-चार तक सीमित बने रहेंगे।

- अगर आप हर बार हरेक कस्टमर के मददगार होंगे, उन्हें उनकी जरूरत के मुताबिक किफायती दाम में प्रोडक्ट बेचेंगे, उनसे बराबर बेहतर तालमेल और संवाद बनाए रखेंगे तो आप जो भी प्रोडक्ट बेचेंगे, उस पर वे आँखें मूँदकर भरोसा कर लेंगे और आप बनेंगे एक सफल सेल्स प्रोफेशनल।

अधिकतर सेल रणनीति और सेल्समैन वहाँ धराशायी हो जाते हैं, जब वे सही समय पर शो-अप नहीं कर पाते हैं। सेल्स के मंत्र की जो बुनियादी और सरल बातें हैं, वे ही अधिक सेल सुनिश्चित करती हैं।

कस्टमर को अनदेखा न करें

सेल्स का सफल प्रोसेस कस्टमर के स्वागत और उनकी पसंद के बारे में जानने से शुरू होता है, न कि इससे कि आप सीधे उसे अपने प्रोडक्ट के सामने ले जाकर खड़ा कर दें। इस प्रकार आप जानकारियों की एक सूची बना लेते हैं कि आपके किस प्रोडक्ट द्वारा कस्टमर की निजी जरूरतें पूरी हो सकती हैं। इस प्रकार की 'समाधानात्मक सेलिंग' सामान्य तौर पर प्रोडक्ट दिखा देने के मुकाबले अधिक पॉवरफुल सेलिंग रणनीति होती है। कस्टमर को समझने के बाद आप बता सकते हैं कि आपका प्रोडक्ट किस प्रकार कस्टमर के लिए उपयुक्त होगा, साथ ही उसके तुलनात्मक लाभ भी गिना सकते हैं। कस्टमर के मनोभावों को ताड़कर आप यह भी जड़ सकते हैं कि आपका वह प्रोडक्ट ही उसके लिए सही और सर्वथा उपयुक्त प्रोडक्ट है, जिसकी उसे तलाश थी।

आपके कस्टमर की पसंद को जानना आपके लिए इस प्रकार भी फायदेमंद हो सकता है कि तब आप उस मजबूत स्थिति में होते हैं कि उसे अपने प्रस्तावित प्रोडक्ट के लाभों को विस्तार से बता सकते हैं। हर प्रोडक्ट की विशेषताओं को तुलनात्मक लाभों और कस्टमर के लिए उपयोगी के रूप में परिवर्तित किया जा सकता है।

- अच्छा सेल्स पर्सन वही होता है, जो तमाम प्रेजेंटेशन के बाद भी खरीद न करने की वजहों का सम्मान करता है, उसके साथ अभद्र व्यवहार नहीं करता।
- अच्छा सेल्स पर्सन वही होता है, जो कस्टमर के हाव-भाव से ही समझ जाता है कि अब वह सौदा फाइनल करने वाला है।

मोल-भाव

मोल-भाव कस्टमर को समझने के बाद आरंभ होना चाहिए। कस्टमर को क्या प्रेरित करता है, उन्हें कौन सी बात खरीद के लिए प्रोत्साहित करेगी, उनकी क्या समस्या है, जिसे वे आपके यहाँ से खरीदारी करके हल करना चाहते हैं? अच्छी बात यह है कि ज्यादातर कस्टमर आपके या आपके प्रोडक्ट से अधिक अपने बारे में अच्छी बातें सुनने में रुचि रखते हैं, अत: इस मानवीय स्वभाव का लाभ उठाएँ।

अगर कस्टमर को यह भरोसा हो जाता है कि आप अपने लाभ के साथ-साथ उनके लाभ के लिए भी दिल से काम कर रहे हैं तो अच्छे बिजनेस के लिए एक सकारात्मक और सुखद माहौल तैयार हो जाता है।

सफल मोल-भाव खरीदार और विक्रेता दोनों को नजदीक ले आता है। यह नजदीकी खरीद की डील पक्की कर देती है।

कस्टमर को दिखाएँ कुछ और दें कुछ, इस तरह की धोखाधड़ी से बचें। ईमानदार रहें। अगर किसी प्रोडक्ट के बारे में आपको जानकारी न हो, तो बंडलबाजी न करें। यह प्रैक्टिस महँगी पड़ती है।

- कस्टमर के सामने जटिलताओं का जाल न बिछाएँ। उन्हें सीधी-सादी भाषा में प्रोडक्ट के बारे में समझाएँ, ताकि आपके साथ बिजनेस करने में आसानी हो।
- कस्टमर को जबरदस्ती कोई प्रोडक्ट बेचने की कोशिश न करें। इससे आपकी साख को तगड़ा बट्टा लगता है।

कई बार कस्टमर किसी प्रोडक्ट से भावनात्मक रूप से जुड़े रहते हैं, ऐसे में उनसे तार्किक बात करने से बचें। अगर तर्क देने ही हों तो भी भावनाओं का वजन कम न होने दें।

□

गुड सेल्समैन बनाम बड़े सेल्समैन

सफल विक्रेता या सेल्समैन माँ के पेट से ही जन्म नहीं लेते हैं। वे तमाम गलतियों और प्रयासों द्वारा एक अच्छे सेल्समैन की योग्यताएँ ग्रहण करते हैं। जो बात एक पेशेवर सेल्स पर्सन को एक नए और अनुभवहीन सेल्समैन से अलग बनाती है, वह यह है कि एक अच्छा सेल्स पर्सन कुछ भी बेच सकता है। लेकिन यहाँ ध्यान देनेवाली बात यह है कि अच्छी बिक्री की आधारभूत संकल्पनाएँ एक समान ही होती हैं, चाहे आप कार बेचें या टेलीविजन या वाटर प्यूरिफायर।

एक बार जैसे ही आप इन आधारभूत संकल्पनाओं को समझ लेते हैं और इन्हें अपनी सेल्स के दौरान लागू करने लगते हैं, फौरन ही आपको अपने मुनाफे में बड़ा अंतर नजर आने लगता है। ये वे टिप्स होते हैं, जिनमें आप यह समझ जाते हैं कि आपको आपके कस्टमर की आवश्यकताओं को प्रॉपरली किस प्रकार से हैंडल करना है।

- याद रखें, आप आमने-सामने जरूर बैठे होते हैं, लेकिन एक सेल्स पेशेवर होने के नाते आपका काम होता है कि आप सामने बैठे खरीदार की जरूरत को समझें। उनसे व्यक्तिगत संपर्क बनाएँ और आखिर में डील को उस बिंदु पर खत्म करें, जहाँ दोनों ही पक्षों को अच्छा व बेहतर अहसास हो।

हम सभी को सेल्स की बेसिक बातें जरूर मालूम होनी चाहिए,

क्योंकि जब हम नौकरी पर इंटरव्यू के लिए जाते हैं, तब भी सेल्समैनवाली स्किल बेहद कारगर सिद्ध होती है।

अपने कस्टमर को जानें

अपने कस्टमर से सीधे संवाद करने से पहले यह जानना जरूरी है कि आपके कस्टमर का स्वभाव कैसा है और उसकी जरूरत क्या है? और भी कई महत्त्वपूर्ण घटकों के बारे में समझना जरूरी है; लेकिन ये सभी कस्टमरों की बेसिक जरूरत की समझ से ही आरंभ होते हैं।

सेल्स पेशेवर के रूप में एक महत्त्वपूर्ण बात यह अपने जेहन में रख सकते हैं कि आप दूसरों को सेवा उपलब्ध करा रहे हैं। ज्यादा बड़े कमीशन का लोभ छोड़ते हुए इस बात पर गौर करें कि आपके कस्टमर को समाधान मिल जाए।

- स्वयं को बतौर एक टूअर गाइड समझें। अपने काम में माहिर यह समझें कि आप उन्हें जंगल की साहसिक यात्रा पर ले जा रहे हैं, न कि माल बेचने या थोपने।

यह अवधारणा आपको विक्रेता और पेशेवर विक्रेता के बीच का अंतर समझने में मददगार होती है और इसमें मास्टरी पाना कतई कठिन या असंभव नहीं है। बस, इतना याद रखें कि आप अपने कस्टमर के साथ काम कर रहे हैं, उनके साथ धोखाधड़ी नहीं।

वस्तु की परख

क्या कभी आपको ऐसी खरीद का अनुभव हुआ है कि जब आपको लगा हो कि आप अमुक उत्पाद के बारे में सेल्स पर्सन से ज्यादा जानते हैं? ऐसा अनुभव कहीं भी हो सकता है—कार शो रूम में, रीअल एस्टेट के दफ्तर में, फर्नीचर स्टोर में या जहाँ कहीं आमतौर पर आप खरीदारी करते हैं।

क्या कभी आपने सेल्स पर्सन की अज्ञानता के कारण किसी खरीदारी में झिझक दिखाई है?

- एक सेल्स प्रोफेशनल के तौर पर आपको हमेशा यह याद रखना चाहिए कि आपको अपने प्रोडक्ट का एक्सपर्ट होना चाहिए, ताकि आपके कस्टमर आप पर और आपके प्रोडक्ट; दोनों पर विश्वास कर सकें। इसका बेहतरीन तरीका यह है कि अपने प्रोडक्ट की बाहरी और भीतरी पूरी जानकारी अप-टू-डेट रखें।

अगर किसी प्रोडक्ट के बारे में आपको पूरी जानकारी नहीं होगी तो कस्टमर को आप किस प्रकार से संतुष्ट कर पाएँगे कि वह उसकी तमाम जरूरतों पर खरा उतर पाएगा? अपने प्रोडक्ट के बारे में अनेक स्रोतों से जानकारी जुटाई जा सकती है। प्रोडक्ट के साथ मिली पुस्तिका में से जानकारी ग्रहण करें; साथ ही अच्छा यह होगा कि उस प्रोडक्ट को स्वयं इस्तेमाल करके उसकी विशेषताओं और लाभ की जानकारी जुटा ली जाए।

अपने कस्टमर के बारे में सीखने की तरह ही किसी भी संभावित कस्टमर से रू-बरू होने से पूर्व अपने प्रोडक्ट के बारे में पूरी जानकारी जुटा लेना भी महत्त्वपूर्ण है। अगर आप सेल्समैनशिप की इस विशेषता को नजरअंदाज कर देंगे या आधे-अधूरे ढंग से लेंगे तो आप अपनी साख को ही दाँव पर लगाएँगे और हो सकता है, आपकी सेल्स बहुत थोड़े पर ही सिमट जाए।

- बुरे-से-बुरे सेल्समैन भी कभी-कभी अच्छी बिक्री कर सकते हैं; लेकिन एक सच्चा सेल्स पर्सन वह होता है, जो नाउम्मीद बिक्री को भी बिक्री में बदल देता है और वह भी कस्टमर को पूरी तरह खुश व संतुष्ट करके।

संवाद

सेल्स का पूरा साम्राज्य संवाद की बेहतर कला पर टिका होता

है। आपका कस्टमर आकर अपनी आवश्यकता बताता है। आप में यह योग्यता होनी चाहिए कि उसे समझकर आप अपनी सेवा या प्रोडक्ट को उसके सामने रखें, जो उसकी जरूरतों को पूरा करते हों। अगर कोई आपसे सरसों का तेल माँगे और आप उसे मिट्टी का तेल पकड़ा दें तो यह सौदा नहीं पटने वाला। आप में यह क्षमता भी होनी चाहिए कि आप कस्टमर की सभी जिज्ञासाओं का निराकरण कर सकें। ये सभी लोगों से प्रभावी संचार और संवाद के बहुपरती घटक हैं।

इनसे इतर बाकी सभी क्षमताएँ, योग्यताएँ और परख संवाद के संदर्भ में एक जैसी होती हैं, चाहे आप किसी रिटेल शॉप में काम करें, बड़े उद्यम से जुड़े हों, फोन पर धंधा करते हों, संचार के बेसिक नियम-कायदे एक जैसे होते हैं।

- अगर आप प्रभावी बोलचाल में आश्वस्त नहीं हैं तो सेल्स पर्सन और सफल सेल्स पर्सन बनने के लिए अपनी इस स्किल को पॉलिश करना बेहद जरूरी है। संवाद की बेहतरी के लिए नरमी से, स्पष्टता से और पूरे आत्मविश्वास के साथ बोलें।

कई बार आपको लिखित में पत्र, ई-मेल और कार्डों के जरिए भी संवाद करना पड़ता है; हालाँकि लिखित में संचार में मास्टरी बोलचाल के मुकाबले कठिन होती है। इसके लिए इस बात का ध्यान रखें कि कम शब्दों में अधिक बात कहने का प्रयास करें, ताकि आपको कम लिखना पड़े।

अपने कस्टमर को कैसे जानें?

अब तक आप समझ गए होंगे कि अपने कस्टमर को माल बेचने से पहले समझना क्यों जरूरी है।

इसकी शुरुआत सवाल पूछने से करें। उसकी जरूरत के बारे में पूरी पूछताछ करें, ताकि आप उसे वह प्रोडक्ट बेच सकें, जो उसकी

जरूरतों को बेहतरीन ढंग से पूरा कर सके। अगर आप उस प्रोडक्ट के बारे में जान सकें, जो आपके कस्टमर की जरूरतों पर खरा उतरता हो तो उसी बिंदु पर आप अपनी सेल को पक्का कर सकते हैं। इस बिंदु पर हो सकता है, कीमत को लेकर कुछ ऊहापोह हो, लेकिन कस्टमर की एक बार प्रोडक्ट के प्रति संतुष्टि होने के बाद कीमत का मसला आसानी से हल हो जाता है।

❖ आप कस्टमर को ठीक से समझकर महँगा प्रोडक्ट भी बेच सकते हैं और यह सब होता है सही सवाल पूछकर तथा उनके हल के तौर पर प्रोडक्ट को पेश करके।

आप मानें या न मानें, लेकिन सही सवाल पूछना जरा भी कठिन नहीं है। बतौर एक सेल्स प्रोफेशनल, आपका मुँह आपका शक्तिशाली उपकरण है। अपने कस्टमर को सुनकर आप अपने मन में उनके प्रोडक्ट की एक छवि बनाते चलते हैं और उनके चुप होते ही सॉल्यूशन के तौर पर उनका मनचाहा प्रोडक्ट सामने रख देते हैं और उसे देखकर आपके कस्टमर फौरन बोलते हैं, ''हाँ, यही।''

कार खरीद की प्रक्रिया इसका बेहतरीन उदाहरण है। एक अच्छा सेल्स पर्सन खरीद प्रक्रिया से जुड़े तमाम सवाल करता है। यहाँ मजेदार बात यह होती है कि ज्यादातर कस्टमर को यह पता नहीं होता कि उन्हें कैसी कार खरीदनी चाहिए। और यह आपके लिए बेशकीमती अवसर होता है कि आप अपनी प्रोडक्ट नॉलेज का भरपूर प्रयोग करके कस्टमर का दिल जीत लें।

कार बेचते समय आपको यह जानना चाहिए कि कस्टमर के परिवार में कितने सदस्य हैं। आपको यह भी जानना चाहिए कि सामान्य तौर पर कार का कैसा इस्तेमाल किया जाएगा। उसे केवल घर से दफ्तर के बीच चलाया जाएगा या दूर की यात्रा के लिए भी ले जाया जाएगा?

ऐसे प्रश्न पूछने के बाद कस्टमर को कार के विभिन्न फीचर्स के

बारे में समझाना आसान हो जाता है। सेल्स प्रोफेशनल के रूप में आपके पास फीचर्स और फायदे जैसे सबसे शक्तिशाली उपकरण होते हैं, जो कस्टमर पर गहरे असर करते हैं। कस्टमर से प्राप्त जानकारी के बाद आप उसकी जरूरत के अनुसार कार प्रस्तुत करके उसकी विशेषताओं और फायदों की झड़ी लगा देते हैं।

मिसाल के तौर पर, कुछ कस्टमर माइलेज को अहमियत देते हैं कि एक लीटर तेल में कार कितने किलोमीटर चलेगी और कुछ कस्टमर कार की मजबूती में रुचि लेते हैं। ये दोनों ही ठोस तर्क हैं; लेकिन दोनों अलग-अलग तरह से कार खरीद के निर्णय को प्रभावित करते हैं और चूँकि आप कस्टमर की आवश्यकताओं एवं मन के भावों को पहले ही समझ चुके होते हैं, अतः उनके मन-मुताबिक कार व फीचर्स का वर्णन करके कार की बिक्री सुनिश्चित कर लेते हैं।

बिक्री की यह अवधारणा प्रत्येक वस्तु की विक्रय प्रक्रिया पर लागू होती है। दूसरे शब्दों में, इससे कोई फर्क नहीं पड़ता कि आप क्या बेच रहे हैं। बस, जरूरत है तो इस बात की कि आप प्रोडक्ट को इस तरह से प्रस्तुत करें कि वह आपके कस्टमर को उसे खरीदने को प्रेरित कर दे।

कस्टमर के प्रति ईमानदार रहें

अपने कस्टमर की आवश्यकता को समझना जितना जरूरी है, उतना ही उसके प्रति ईमानदार रहना भी जरूरी है। बहुधा सुनने में आता है कि सेल्समैन गलत जानकारी देकर जान-बूझकर लोगों को अनुपयोगी प्रोडक्ट भेड़ देते हैं। सेल्स पर्सन के लिए यह कोई अच्छी रणनीति साबित नहीं होती है। ऐसा सेल्समैन जल्दी ही मार्केट से बाहर कर दिया जाता है।

- अच्छी तरह याद रखी जानेवाली बात यह है कि आप भी कस्टमर वाली जगह पर ही हैं। यह अलग बात है कि सौदे के दौरान आप टेबल के दूसरी तरफ बैठते हैं; लेकिन उनमें

से अधिकतर डरे हुए होते हैं कि कहीं उनकी मेहनत की कमाई अनुपयोगी प्रोडक्ट के कारण फालतू न चली जाए।

आज जहाँ लोगों के मन में यह भय घर कर गया है कि कपटी सेल्स पर्सन उन्हें अनुपयोगी माल थमा सकते हैं, प्रत्येक अच्छे सेल्समैन को अपने ईमानदार व्यवहार और विक्रय बाद के संपर्क से इस विचारधारा को बदलना चाहिए।

यद्यपि आपका कस्टमर आपके द्वारा बेचे जा रहे प्रोडक्ट की सारी डिटेल नहीं समझ पाता, लेकिन ज्यादातर लोग कई दुकानों पर चक्कर लगाते हैं, तब एक से दूसरे का झूठ पकड़ा जाता है। ऐसे में, यह जरूरी है कि कस्टमर को प्रोडक्ट की मौजूदा वास्तविक जानकारी दी जाए, उसे बढ़ा-चढ़ाकर न बताया जाए। यह याद रखें, आपकी एक ईमानदार पहल आपके कस्टमर को सदा के लिए आपसे जोड़ लेती है और ये संबंध भविष्य में बड़े व्यावसायिक लाभ की ओर ले जाते हैं।

❖ कस्टमर से बात करते समय बहुत नम्रता से पेश आना चाहिए। इस मुगालते में रहकर कस्टमर से बात नहीं करनी चाहिए कि वे केवल आप ही हैं, जो इस डील को ताला लगा सकते हैं।

कस्टमर से बात करते समय यह भूल जाएँ कि आप सर्वश्रेष्ठ सेल्स पर्सन हैं। अपने अहं को दरवाजे पर ही रखकर ध्यान से कस्टमर की बात सुनें। कस्टमर आपकी चिकनी-चुपड़ी बातों की बजाय इस बात से ज्यादा प्रभावित होता है कि आपने उसकी बात कितने ध्यान से सुनी है।

कस्टमर से 'हाँ' कहलवाना

सेल्स पर्सन की बातों से संतुष्ट होकर कस्टमर के 'हाँ' कहने से सेल्स पर्सन की सफलता में एक पायदान जुड़ जाता है। ऐसी स्थिति लाने के लिए सेल्स पर्सन खरीद की पूरी प्रक्रिया के दौरान कस्टमर की हाँ-में-हाँ मिलाते रहते हैं, लेकिन इस तरह से कस्टमर को प्रभावित

नहीं किया जा सकता; लेकिन हाँ, बातचीत का माहौल सकारात्मक बना रह सकता है।

इसे आप आसानी से कर सकते हैं, इस तरह के सवाल पूछकर, जिनसे कस्टमर का खरीदारी के लिए सकारात्मक रुझान बना रहे। मिसाल के तौर पर कार सेल्समैन कस्टमर से यह कभी नहीं पूछेगा कि उसे किस रंग की कार चाहिए, क्योंकि हो सकता है, उसके मनपसंद रंग की कार उस समय स्टॉक में उपलब्ध न हो और खरीदारी इसी बिंदु पर समाप्त हो जाए। इसके बजाय एक अच्छा सेल्समैन कस्टमर से यह पूछेगा कि उसे गहरे रंग की कार चाहिए या हलके रंग की; हालाँकि इस सवाल का जवाब 'हाँ' या 'ना' में नहीं दिया जा सकता, लेकिन कस्टमर को रंग के चयन में उलझाए जरूर रख सकता है।

शुरुआत में आप कुछ ऐसी बातें कह सकते हैं, जिनका जवाब केवल 'हाँ' में ही हो। जैसे यह पूछकर कि आज दिन कितना सुहाना है, आपका क्या खयाल है? यह फिजूल जान पड़ता है, लेकिन ऐसे सवाल कस्टमर को पूरी सेल प्रक्रिया के दौरान 'हाँ' कहने को प्रेरित करते रहते हैं। कस्टमर और सेल्स पर्सन बातचीत की प्रक्रिया के दौरान जितनी ज्यादा बार 'हाँ' कहते हैं, वे उतनी ही जल्दी डील फाइनल करने के करीब पहुँच जाते हैं।

जब इसमें कस्टमर की जरूरत पर भी ईमानदारी से ध्यान दिया जाता है तो इससे कस्टमर पर गहरा सकारात्मक प्रभाव भी पड़ता है, जो दीर्घकालिक होता है और भविष्य में नए व्यावसायिक संबंधों को जन्म देता है।

तालमेल बिठाना

अपने संभावित ग्राहकों से आपका संपर्क या संवाद उत्पाद तक ही सीमित नहीं होना चाहिए। एक सेल्स प्रोफेशनल के तौर पर आपको

उसकी व्यक्तिगत बातों पर भी गौर करना चाहिए।

इसके लिए आप कस्टमर से उसके परिवार के बारे में हलकी-फुलकी बात कर सकते हैं अथवा अपने अपने परिवार से जुड़ी कोई निजी कहानी साझा कर सकते हैं, जिसमें कस्टमर की रुचि हो। ईमानदार व्यवहार करना न भूलें, वैसे, ज्यादातर कस्टमर आपकी चिकनी-चुपड़ी बातों को बिक्री के लिए मानकर चलते हैं।

- तालमेल बिठाना एक दो-तरफा रास्ते जैसा है। एक ओर निजी बातचीत करके आप अपने कस्टमर के स्वभाव के बारे में जानकारी जुटाते हैं, वहीं दूसरी ओर यह भी जताते हैं कि आप भी उसी की तरह एक इनसान हैं।

अगर आप बिक्री प्रक्रिया के दौरान मैत्री गाँठने का प्रयास करते हैं तो बातचीत के आखिर में आप न केवल बेझिझक सेल के बारे में पूछ सकते हैं, बल्कि सेल की संभावना भी काफी हद तक बढ़ जाती है।

स्वाभाविक बिक्री प्रणाली के तहत आप यह सीखते हैं कि अपने कस्टमर के लिए अनुकूल और दबाव रहित माहौल का निर्माण कैसे किया जाए, जिससे कि बेहतर तालमेल के साथ सौदे का निपटान हो सके।

दुर्भाग्य से, कुछ सेल्समैन कस्टमर के बारे में कुछ पूर्वग्रह पाले रहते हैं—'इसके कपड़े देखो, यह खरीदेगा...' इसी तरह की बातें। यह व्यवहार केवल न कस्टमर के प्रति अन्याय है, बल्कि आपकी सेल्स के लिए भी घातक है।

इसी से मिलता-जुलता एक और व्यवहार देखने को मिलता है, जब सेल्समैन उत्पाद का पूरी तरह से प्रदर्शन करने से बचते हैं। इससे कोई फर्क नहीं पड़ता कि आप कार बेचते हैं, मकान बेचते हैं या टेलीविजन। अगर हर बार आप अपने कस्टमर के सामने उसकी पूरी खूबियों का वर्णन करने में कंजूसी करते हैं तो इससे आपकी बिक्री बुरी तरह से प्रभावित होती है, खासतौर पर कस्टमर जब बड़ी और महँगी खरीद करते

हैं तो चाहते हैं कि उसका पूरा 'डेमो' देखने को मिले, ताकि वे निर्णय ले सकें कि वह वस्तु उनके क़ाम की है या नहीं। अकसर सेल्समैन ऐसे 'डेमो' से बचते हैं, क्योंकि उनकी धारणा होती है कि ग्राहक उसका समय खराब करेगा और आखिर में माल खरीदने से इनकार कर देगा। यह एक गलत अभ्यास है।

अगर आपके सौभाग्य से आपके आधे-अधूरे प्रदर्शन से ग्राहक वस्तु खरीदने को तैयार भी हो जाए तो आपको कई आपत्तियों से जूझना होगा, खासतौर पर बहुत से कस्टमर दाम को लेकर बहुत हुज्जत करते हैं। चूँकि आप कस्टमर को यह भरोसा नहीं दिला पाते कि आपका प्रोडक्ट उसके लिए किस प्रकार सबसे अच्छा है, अधिकतर कस्टमर उससे असंतुष्ट रहते हैं और उसकी खरीद पर बड़ा डिस्काउंट माँगने लगते हैं।

इसका असर दूर तक होता है। इससे आपके कमीशन के चेक का वजन घट जाता है, साथ ही कस्टमर अपने बुरे अनुभव को अड़ोस-पड़ोस और मिलनेवाले लोगों में भी बाँटता है, जिससे आपके संभावित ग्राहकों की संख्या में तेजी से कमी हो जाती है।

अपने काम के बारे में सबको बताएँ

एक आमतौर पर अनदेखा कर देनेवाला पहलू यह है कि सेल पर्सन अपने बारे में किसी को नहीं बताते कि वे क्या करते हैं?

- सफल सेल्स पर्सन वही है, जो दूसरों को अपने पेशे के बारे में बताने का कोई भी मौका न चूके। यह मौका रिश्तेदारी में, दोस्तों में, सामाजिक गतिविधियों इत्यादि में ढूँढ़ा जा सकता है।

आखिर लोगों को जब मालूम ही नहीं होगा कि आप क्या बेचते हैं तो वे आपसे संपर्क ही कैसे करेंगे। हो सकता है, वे वही प्रोडक्ट खरीदने मार्केट में निकले हों, जो आप बेचते हैं।

अपने प्रोडक्ट के बारे में बताने के लिए बिजनेस कार्ड एक अच्छा साधन है; लेकिन सूचना क्रांति में यह तेजी से अप्रचलित माध्यम बनता जा रहा है। फिर भी, यदि आप बिजनेस कार्ड का प्रयोग करते हैं तो यह बहुत ही सीधा-सादा होना चाहिए।

दूसरे विकल्पों में अपनी निजी वेबसाइट बनवाना शामिल है, जहाँ लोग आपके प्रोडक्ट देख सकें, उनके बारे में पूरी जानकारी पा सकें और खरीदने का निर्णय करने के बाद आपसे संपर्क कर सकें।

अधिक अवसर यानी अधिक बिक्री

आप क्या करते हैं, लोगों को यह बताने के अतिरिक्त सेल्स प्रोफेशनल के तौर पर आपको सदैव नए अवसरों की तलाश में लगे रहना चाहिए, यहाँ तक कि सबसे अच्छे सेल्समैन भी शत-प्रतिशत बिक्री नहीं कर सकते हाँ, अच्छा संवाद आपको अच्छी बिक्री की गारंटी जरूर देता है।

अगर आप पड़ोस में किसी बच्चे के जन्मदिन की दावत में शामिल हैं और वहाँ आपको अपनी सर्विस या प्रोडक्ट की जानकारी देने का मौका मिलता है तो मौके पर चौका मारने से न चूकें।

अगर आप लोगों से संपर्क करके अपने प्रोडक्ट के बारे में जानकारी देते हैं और वे उसे संजीदा तरीके से न लें तो परेशान न हों। इससे आगे बढ़कर और नए अवसर तलाशें। ज्यादातर मामलों में, अगर आप जीवन के हर पहलू में लोगों के प्रति ईमानदार रहते हैं तो आपको बिक्री के अवसर अवश्य प्राप्त होते हैं, जो अन्य मार्गों से प्राप्त नहीं होते।

नए अवसर जुटाने का एक अन्य तरीका यह है कि अपने वर्तमान कस्टमर से मिलकर उनके दोस्तों और रिश्तेदारों की एक सूची बनाएँ, जिन्हें आपके प्रोडक्ट में रुचि हो। अगर आपने अपने कस्टमर को संतुष्ट करके उनसे अच्छा तालमेल बना लिया हो तो बड़ी आसानी से आपकी

माँगी गई जानकारी, फोन नंबर इत्यादि आपको दे सकते हैं। सबसे अच्छी बात यह होगी कि अपने कस्टमर से आपका अच्छा तालमेल होता है, इसलिए उनके दोस्तों और रिश्तेदारों से तालमेल बिठाना आसान हो जाता है।

पेशेवर और चतुर सेल्स पर्सन अपने ज्यादातर बिजनेस को इसी तर्ज पर परवाज देते हैं, साथ ही यह भी स्मरण रखना चाहिए कि अपने कस्टमर की जरूरतों के प्रति ईमानदारी भरा आग्रह बिजनेस नेटवर्क को फैलाने और मजबूत करने में जादुई छड़ी जैसा काम करता है।

खरीद-फैसले के बारे में पूछना

ज्यादातर सेल्समैन यह नहीं पूछते कि कस्टमर अमुक उत्पाद क्यों खरीद रहा है। वे तो बस, जैसे-तैसे चीज बेचने या भेड़ने तक सीमित रहते हैं। आपका प्रेजेंटेशन, प्रोडक्ट के बारे में जानकारी, कस्टमर की जरूरत की समझ आदि सटीक हो सकते हैं; लेकिन अगर आप कस्टमर के पेशे और वस्तु के उपयोग के बारे में नहीं पूछेंगे, आपकी सफलता हाशिए पर अटक जाएगी।

आपके कस्टमर दुकान में खरीदारी के लिए आते हैं। आप जानते हैं कि वे यह जानते हैं और वे जानते हैं कि आप यह जानते हैं। इस सीधी सी समझ के बावजूद आपको यह जानकर ताज्जुब होगा कि कितने लोगों से कभी उनके फैसले के बारे में पूछा ही नहीं जाता है। सोच यह है कि कस्टमर सामान खरीदने निकलता है और जहाँ सबसे सस्ता मिलता है, वहाँ से खरीद लेता है; लेकिन वास्तविकता यह है कि कस्टमर आपसे तभी कोई प्रोडक्ट खरीदता है, जब आप उसके फैसले के बारे में पूछते हैं।

सेल के बारे में पूछना कोई शर्म की बात नहीं है। इसमें कोई टकराव उत्पन्न नहीं होता। बहुत से सेल्स पर्सन कस्टमर से उनका फैसला और खरीद वस्तु के प्रयोग के बारे में पूछने से झिझकते हैं। एक कुशल सेल्स

पर्सन और सेल्स प्रोफेशनल में इसी बिंदु पर एक बड़ा अंतर देखने में आता है।

जहाँ सेल्स प्रोफेशनल सेल या खरीद फैसले के बारे में पूछने के लिए आश्वस्त और निर्भीक होते हैं, बहुत से अनुभवहीन सेल्समैन कस्टमर से उसका निर्णय पूछने से डरते हैं। इससे अनुभवहीन सेल्समैन को अन्य त्रुटियों के मुकाबले ज्यादा घाटा उठाना पड़ता है। कस्टमर चाहते हैं कि उनसे पूछा जाए। अध्ययन बताते हैं कि बहुत से लोग इसलिए प्रोडक्ट की खरीद से हाथ खींच लेते हैं, क्योंकि उनसे सेल के बारे में पूछा ही नहीं जाता। फिर एक बार जैसे ही कस्टमर आपके शो-रूम से निकल जाता है, सेल्स प्रक्रिया आपके हाथ से निकल जाती है और आपकी मेहनत पर पानी फिर जाता है।

यह अनुमान लगाकर न चलें कि कस्टमर को मालूम है कि आपके दिमाग में क्या चल रहा है। जैसे ही आप कस्टमर को उसका पसंदीदा माल दिखाकर, अपना प्रेजेंटेशन देकर अपनी बात समाप्त करें, उससे खरीद के उसके निर्णय के बारे में बेझिझक पूछ लें। यह खरीद का वह नाजुक क्षण होता है, जो सकारात्मक बिंदु पर पहुँचने पर आपकी सफलता को प्रभावित करता है और आपको सफल सेल्स प्रोफेशनल बनाता है।

सेल के बाद तालमेल

बिक्री के बाद ज्यादातर सेल्स पर्सन एक बड़ी गलती करते हैं। वे अपने कस्टमर से कोई संपर्क, संवाद या तालमेल नहीं रखते। इन्हें यह नहीं भूलना चाहिए कि इन कस्टमर को भविष्य में भी कई प्रोडक्ट की जरूरत पड़ने वाली है। आप चाहे कार बेचते हैं, फ्रिज या कंप्यूटर, अधिकतर लोग पुरानों से ऊबकर ही नई चीजें खरीदने आते हैं। ऐसे में बराबर संपर्क बनाकर रखने से वे आपके रेगुलर कस्टमर बन जाते हैं और भविष्य में जब भी जरूरत पड़ती है, आपके पास ही आते हैं।

कस्टमर से संपर्क बनाए रखने के लिए आप पत्र, ई-मेल, फोन इत्यादि से उन्हें जन्मदिन, सालगिरह की बधाई दे सकते हैं, नववर्ष की शुभकामनाएँ दे सकते हैं। बीच-बीच में फोन से पूछ सकते हैं कि प्रोडक्ट कैसा काम कर रहा है। इस प्रकार सेल के बाद भी कस्टमर से तालमेल कायम रखा जा सकता है।

- आमतौर पर हरेक व्यक्ति अपने आस-पास के सौ-डेढ़ सौ लोगों से परिचित होता है। अगर आप एक कस्टमर के साथ अच्छी डीलिंग करते हैं तो आपको सौ-डेढ़ सौ संभावित कस्टर मिल जाते हैं और इसके विपरीत, यदि आप एक कस्टमर से अच्छी डीलिंग नहीं करते हैं तो सौ-डेढ़ सौ संभावित कस्टमर खो देते हैं।

आप किसी दुकान में काम करते हों, कार शोरूम में या जीवन बीमा कंपनी में, वहाँ आप बेशक समूह में रहते हों, लेकिन सेल का काम एक अकेले आदमी का काम है। इसके लिए नए-नए अवसर खोजनेवाला ही सफल सेल्स प्रोफेशनल बन पाता है।

सेल्स का सुनहरा नियम

स्मरण रखें, आप जितने ज्यादा ग्राहक से बात करेंगे, उतनी ही ज्यादा सेल कर पाएँगे। मिसाल के तौर पर, दिन भर में आप आठ संभावित कस्टमर से बात करते हैं और उनमें से 50 फीसदी को बिक्री के लिए राजी कर लेते हैं तो रोजाना चार प्रोडक्ट बेच सकते हैं।

अब मान लें कि आप अपने संपर्क से ज्यादा-से-ज्यादा संभावित ग्राहक को दुकान तक लाने में कामयाब हो जाते हैं और रोजाना 50 फीसदी ब्रिकी दर से 18-20 संभावित ग्राहक से बात करते हैं तो आपकी ब्रिकी दर 9 से 10 प्रोडक्ट प्रतिदिन हो जाएगी। इस प्रकार आप बिना ज्यादा सीखे अपनी आय को दोगुना कर सकते हैं।

हर ग्राहक को माल बेचना किसी के लिए भी संभव नहीं है, लेकिन अवसरों की संख्या बढ़ाकर आप अपनी आय और संतुष्ट ग्राहकों की सूची को लंबा जरूर कर सकते हैं।

कंपनियाँ, दुकानें या अन्य विक्रय संस्थान मोटे तौर पर हर साल 10 से 30 प्रतिशत ग्राहक खो देते हैं। इनमें से अधिकतर कस्टमर खराब सर्विस के कारण छिटकते हैं। वहीं जो कंपनियाँ तथा अन्य संस्थान अपने ग्राहकों का ध्यान रखते हैं, 25 से 100 प्रतिशत वार्षिक की दर से ग्राहक संख्या में वृद्धि करते हैं। बिजनेस में हमें सदैव अच्छी कस्टमर सर्विस देने का प्रयास करना चाहिए। दुर्भाग्य से ज्यादातर सेल्स पर्सन व संस्थान इस ओर समुचित ध्यान देने से बचते हैं।

- प्रत्येक कस्टमर अपना नाम सुनकर खुश होता है। अतः कोशिश करें कि जो आपके संपर्क में आए, उसका नाम याद रखें और भविष्य में वह जब भी मिले, उसे उसके नाम से संबोधित करें।
- कई बार कस्टमर को नाम से पुकारे जाने पर वे उसे अपना अपमान समझते हैं। ऐसा लगे तो फौरन सुधार करके उन्हें सरनेम से संबोधित करें। नाम से पुकारा जाना कई बार बहुत 'निजी' लगता है, अतः अपने कस्टमर 'दिनेश सक्सेना' को 'मिस्टर सक्सेना' कहना ज्यादा उपयुक्त हो सकता है।
- कस्टमर जब भी आपकी दुकान पर आएँ, खुले दिल से उनका स्वागत करें। सच्ची मुसकान और गर्मजोशी से उनसे मुलाकात करें। वे कोई खरीद करें तो उनका आभार प्रकट करें, उनके क्रिया-कलाप-व्यवहार की प्रशंसा करें।
- किसी पुस्तक का कवर देखकर आप उसकी सामग्री का पता नहीं लगा सकते। यही बात कस्टमर पर भी लागू होती है। इसलिए हर आनेवाले या भावी कस्टमर का खुले दिल और

सकारात्मक रवैए से स्वागत करें। पहली ही भेंट में कोई ग्रंथि न पाल लें। कई बार पहला कटु अनुभव बड़ी सीख का काम करता है और कटुता सकारात्मक अनुबंध पर खत्म होती है।

अगर आप चाहते हैं कि लोग आपके संस्थान से बिजनेस करने को प्रेरित हों, तो विज्ञापन में चुंबकीय शब्दों का प्रयोग करें। अपनी भाषा को भी मीठा और लच्छेदार बनाएँ।

□

सेल्स में बिजनेस कार्ड की भूमिका

बिजनेस कार्ड हालाँकि आकार में छोटे होते हैं, लेकिन इनका प्रभाव बहुत गहरा और व्यापक होता है। आप जिनके साथ व्यवसाय करते हैं, बिजनेस कार्ड उन पर गहरा और स्थायी प्रभाव छोड़ता है।

- बिजनेस कार्ड के चुनाव में कंजूसी न करें अगर करनी ही है तो कहीं और कंजूसी कर लें। अनुभवी सेल्स पर्सन यह बखूबी जानते हैं कि बिजनेस कार्ड उनकी संभावनाओं को किस कदर प्रभावित करता है। कई सेल्समैन अच्छे कपड़े पहनते हैं, अच्छी तरह संभावित कस्टमर का स्वागत करते हैं; लेकिन घटिया बिजनेस कार्ड से सारा गुड़-गोबर कर देते हैं। अच्छे-से-अच्छा एक कार्ड थोक में अधिक-से-अधिक 50 पैसे का पड़ता है।

बिजनेस कार्ड का प्रारूप

एक अच्छा बिजनेस कार्ड एक तसवीर की तरह होता है, जो सेल्समैन के बिना बोले ही कस्टमर से बहुत कुछ कह देता है और उसके आधार पर कस्टमर अपना मत तैयार कर लेता है।

बिजनेस कार्ड पर अपनी कंपनी, शॉप, संस्था का नाम प्रमुखता से

छपवाएँ—इसी के साथ अपना नाम व पद नाम छोटे अक्षरों में। अपनी संस्था का लोगो छपवाना अच्छा होता है, क्योंकि इससे लोग यह याद रखते हैं कि आप किस कंपनी के प्रोडक्ट बेचते हैं।

कार्ड पर फालतू की जानकारी न दें। कंपनी, दुकान या संस्था का फोन नंबर, फैक्स, ई-मेल और पता देना ही पर्याप्त है। जरूरत पड़ने पर अपना निजी फोन नं. बात करते समय दिया जा सकता है।

कलरफुल कार्ड कस्टमर पर नाटकीय असर डालता है। अगर कलरफुल कार्ड छपवाना बजट में न हो तो दो कलर में छपवाएँ और कार्ड रंगीन ले लें।

कार्ड के पिछले हिस्से का भी आप अच्छा प्रयोग कर सकते हैं। यहाँ सेल्स और मार्केटिंग से जुड़ी जानकारी, आपका मिशन स्टेटमेंट, मानचित्र और अपने प्रोडक्ट की फोटो दी जा सकती है।

बिजनेस कार्ड से समय की बचत होती है। आप जितनी बेहतरी और खूबसूरती से अपना बिजनेस कार्ड डिजाइन करेंगे, भविष्य में उतना ही अधिक लाभांश कमाने के अवसर हाथ लगेंगे।

आपका कस्टमर एक बेहद खास व्यक्ति होता है। धरती पर मौजूद करोड़ों-अरबों लोगों में से एक बेहद सूक्ष्म हिस्सा ही आपसे बिजनेस करने का चुनाव करता है। कस्टमर किसी उद्देश्य की प्रतिपूर्ति हेतु आपके बिजनेस का चुनाव करता है। खुशी-खुशी यह आपका सतत दायित्व होना चाहिए कि आप अपने कस्टमर का जीवन-स्तर सुधारने के लिए क्या कर सकते हैं—कीमती सर्विस देकर, मूल्य घटाकर या किसी अन्य तरीके से।

आभार प्रदर्शन

कस्टमर दिल से इज्जत चाहता है और दिमाग से खरीदारी। समय-समय पर अपने कस्टमर का आभार-प्रदर्शन करते रहें।

- हर खरीद के 48 घंटे के भीतर ग्राहक को थैंक्यू नोट भेजें, हालाँकि 24 घंटे ज्यादा प्रभावी और यादगार होंगे।
- ग्राहक की खरीदारी के 30 दिन बाद उस खरीद पर दूसरे प्रोडक्ट की छूट पर खरीद का ऑफर भेजें। यह ऑफर प्रोडक्ट के अलावा किसी सर्विस पर भी हो सकता है।
- हरेक नए कस्टमर को एक प्रश्नोत्तरी भेजें, जिसमें उनकी रुचि के बारे में विस्तार से पूछा गया हो।
- प्रश्नोत्तरी में कस्टमर के जन्म की तारीख और महीना पूछा जाए, वर्ष कदापि नहीं और उनके जन्मदिन पर उन्हें कार्ड भेजा जाए। इस प्रकार सतत तालमेल बनाए रखें।
- मासिक, द्विमासिक या त्रैमासिक न्यूजलेटर भेजें। सेल के ऑफर के साथ डिस्काउंट कूपन भी भेजना न भूलें।
- अपने नियमित कस्टमर को अपने ऑफर का कैटलॉग भेजें। संभावित कस्टमर को ई-मेल भेजी जा सकती है। केवल कस्टमर के लिए ही तैयार किए गए कैटलॉग की कस्टमर खासतौर पर सराहना करते हैं।
- कस्टमर के पास हमेशा 'खरीदो-खरीदो' की रट न लगाएँ। उनका हालचाल भी पूछें। कम शब्दों में अधिक बात करें। बड़ा पत्र अधिकतर कस्टमर नहीं पढ़ते।

तरह-तरह के कार्ड

थैंक्यू कार्ड पर आगे की ओर अपने बिजनेस या संगठन की तसवीर लगाएँ।

नए प्रोडक्ट की घोषणावाले कार्ड पर आगे उसकी तसवीर लगाएँ, पीछे जानकारी दें।

नए कर्मचारियों की घोषणावाले कार्ड पर आगे कर्मचारियों की

तसवीरें और नाम छापें। पीछे उनके पद नाम व अन्य जानकारी दें।

याद रखें, अगर आप अपने कस्टमर से सतत संपर्क नहीं बनाए रखते हैं तो कोई और उन्हें आपसे जीत लेगा। प्रेम और वफादारी की आग सतत जलाए रखकर आप एक भी शब्द बोले बिना अपने कस्टमर को अपने से जोड़े रख सकते हैं, जो भविष्य में अवश्य ही आपके लिए दुधारू गाय बनेंगे।

ब्रोशर या विवरणिका

सेल और सेल्समैन के लिए ब्रोशर की भूमिका भी महत्त्वपूर्ण होती है। अच्छा ब्रोशर बनाने के लिए जरूरी है कि मुख्य उद्‌देश्यों और पढ़नेवालों की संख्या को ध्यान में रखा जाए। वही ब्रोशर अपने उद्‌देश्य में खरा उतरता है, जिसमें विवरण कम-से-कम शब्दों में व्यापकता से हो।

ब्रोशर दो वर्गों को ध्यान में रखकर तैयार किया जाता है—एक वे, जो संभावित कस्टमर होते हैं, उन्हें किसी नए प्रोडक्ट या सेवा की जानकारी देनी होती है और दूसरे वे, जो नियमित कस्टमर होते हैं।

कलरफुल ब्रोशर ज्यादा ध्यानाकर्षण करता है, हालाँकि यह महँगा बनता है। खर्चा बचाने के लिए कलर्ड पेपर पर छपाई कराई जा सकती है; लेकिन मार्केट में साख बनाए रखने के लिए जरूरी है कि अन्य मिलती-जुलती संस्थाओं, स्टोरों के ब्रोशर की जाँच-परख के बाद ही उससे बेहतरीन बनाने का प्रयास किया जाए।

ब्रोशर बनवाते समय कई बार हम रंग-रूप में इतना खो जाते हैं कि सेल्स के उद्‌देश्य को ही भूल जाते हैं—कार्ड पर छपा सब्जेक्ट मैटर मिसमैच हो जाता है।

- ❖ रंग-रूप के साथ-साथ ब्रोशर के सब्जेक्ट मैटर पर भी ध्यान रखें।
- ❖ प्रिंटर को खराब आर्टवर्क देकर अच्छे परिणाम की आशा न करें।

- कार्ड में प्रूफ की गलतियाँ न छोड़ी जाएँ। एक गलती कई संभावित कस्टमरों को आपसे छीन लेती है।
- प्रोडक्ट के दाम अगर संभावित कस्टमर को चुभते-से लगें तो ब्रोशर में उनका वर्णन न करें।
- ब्रोशर का फॉण्ट साइज इतना रखें कि उसे सब लोग आराम से पढ़ सकें।
- चित्रों की क्वालिटी बेहतरीन रखें, अन्यथा ब्रोशर प्रभावशाली कम, हास्यास्पद ज्यादा बन पड़ेगा।

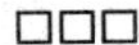